# *O poder do Ser humano*

Como dar mais significado à vida ao
descobrir a sua verdadeira essência

Copyright© 2019 by Literare Books International.
Todos os direitos desta edição são reservados
à Literare Books International.

**Presidente:**
Mauricio Sita

**Vice-presidente:**
Alessandra Ksenhuck

**Capa e diagramação:**
Paulo Gallian

**Revisão:**
Rodrigo Rainho

**Diretora de projetos:**
Gleide Santos

**Diretora Executiva:**
Julyana Rosa

**Relacionamento com o cliente:**
Claudia Pires

**Impressão:**
Noschang

---

Dados Internacionais de Catalogação na Publicação (CIP)
(eDOC BRASIL, Belo Horizonte/MG)

P742   O poder do ser humano: como dar mais significado à vida ao descobrir a sua verdadeira essência / Coordenação Wilson Nascimento. – São Paulo, SP: Literare Books International, 2019.
14 x 21 cm

ISBN 978-85-9455-258-7

1. Autoconhecimento. 2. Sucesso. I. Nascimento, Wilson.
CDD 158.1

**Elaborado por Maurício Amormino Júnior – CRB6/2422**

---

**Literare Books International Ltda.**
Rua Antônio Augusto Covello, 472 – Vila Mariana – São Paulo, SP.
CEP 01550-060
Fone/fax: (0**11) 2659-0968
site: www.literarebooks.com.br
e-mail: contato@literarebooks.com.br

# Sumário

**Conectando-se com a essência**..........5
Wilson Nascimento e Marcia Marthas

**Quem você é na sua essência?**.......... 19
Adamilton Lauredo

**Essência picante no relacionamento** .......... 27
Adriana Candido

**Qual é o seu valor de mercado?** .......... 35
Adriano Furtado

**Envelhescência: velhice com essência** .......... 41
Cláudio Silva de Sousa

**A essência do empreendedorismo social** .......... 49
Francisca Magalhães

**Como dar mais significado a sua vida** .......... 57
Gustavo Lopes Lorca

**Existe vida após os 60 anos:
a felicidade na longevidade** .......... 65
Janinéri Cordeiro

**Caridade: o dom de amar
por meio do propósito de ajudar** .......... 73
Joyce Vieira Martins dos Santos

**Liderança, a grande descoberta!** .......... 81
Kelly Bichini

**Dependência emocional: como sair desse inferno particular** .................................. 89
Lana Palafox

**A essência que há em mim** ........................................... 97
Márcia Victorio

**Aprendendo com a vivência** ........................................ 105
Nívea Cristina da Silva Viana

**O poder da comunicação** ............................................ 113
Renato Cocenza

**Coaching: um processo de abundância e prosperidade** ................................ 121
Rosimeire Souza

**Coaching empreendedor** ............................................ 129
Simone Monteiro Cardoso

**Ser mulher e ser melhor: como a inteligência emocional feminina pode mudar mentes e romper padrões** ................. 137
Simone Salgado

**A arte de ser humano** ................................................ 145
Wemerson Castro

# Capítulo 1

**Conectando-se com a essência**

Wilson Nascimento e Marcia Marthas

Ter melhores resultados, alcançar o topo, conquistar sucesso pessoal e profissional, desenvolver habilidades... Certamente você já pensou, leu e se questionou sobre alguns desses aspectos, eles estão cada vez mais presentes no contexto corporativo e nas relações pessoais. Há sempre alguém buscando o "sucesso". Mas será possível alcançar o tal "sucesso" sem dedicar tempo ao autoconhecimento?!

## Wilson Nascimento

*Master* e *Executive Coach*, atua no universo corporativo nas áreas de Desenvolvimento Humano/*Coaching* e Planejamento Estratégico. É Mestre em *Arts in Coaching* e Doutor em *Business Administration* PhD pela Florida Christian University - FCU, também é coordenador das bancas de doutorado da FCU. Recebeu em 2019 o título de embaixador pela paz da Universal Federation na sede da ONU em Viena. Já ministrou a Formação *Professional Coach* em diversas regiões do Brasil e Japão. Em 2017, foi palestrante no *InterLeadership*, em Orlando, falando para executivos da Fenabrave (Federação Nacional de Distribuição de Veículos Automotores). Entre suas publicações está a dissertação sobre Cultura *Coaching*, além de outros títulos na área comportamental. Possui certificações em *Coaching*, Programação Neurolinguística e Análise de Perfil Comportamental. Realizou palestras em Lisboa, Viena e Zurique.

**Contatos**
www.ehumanas.com
wilson@ehumanas.com

## Marcia Marthas

Graduada em Gestão de Recursos Humanos, atua com desenvolvimento de conteúdos e apresentações para treinamentos. Com formação também em Artes Visuais, alinha sua bagagem do universo das artes a gestão de pessoas para explorar aspectos distintos dessas áreas de conhecimento, junção essa que resulta em projetos eficazes, conteúdos didáticos e refinados esteticamente. Analista comportamental, é entusiasta dos estudos do comportamento e da diversidade humana. Curiosa, exigente, atenta e amante das belezas que alimentam a essência.

**Contatos**
www.ehumanas.com
marcia@ehumanas.com

Desenvolvendo projetos em grandes organizações com executivos de alta *performance*, é comum nos depararmos com dificuldades tão triviais quanto nas pequenas empresas: problemas na comunicação, liderança falha, equipes desmotivadas e outros tantos clichês organizacionais.

Frente a essas questões, também é muito comum que as organizações busquem treinamentos que solucionem pontualmente esses problemas, mas muitas vezes não alcançam os resultados esperados. Mesmo engajados, contratando especialistas, investindo em materiais de divulgação e treinamento, não é incomum encontrar gerentes desmotivados com os resultados de treinamento.

Mas, por quê?!

É preciso reconhecer a individualidade de cada pessoa, suas particularidades, valores, crenças, medos e reconhecer que simplesmente não há manual ou treinamento no mundo capaz de desvendar o universo que uma pessoa é. Para desenvolver-se profissionalmente, é preciso autoconhecimento, estabelecer uma conexão consigo mesmo para compreender sua real essência.

Temos acesso a fontes de conhecimento diversas, à tecnologia na palma das mãos e inúmeras possibilidades de desenvolvimento. Há milhares de pessoas formalmente habilitadas a ocupar variadas funções, mas poucos são os profissionais que atuam com excelência e são plenamente felizes. Competência técnica é importante, principalmente considerando um período em que o superficial tem dominado nossas telas virtuais, entretanto não somos máquinas programadas e é a nossa natureza volátil que torna nossa espécie tão especial e rica.

Apropriar-se de seus talentos naturais é enriquecedor para o desenvolvimento do indivíduo e conectar-se com sua real essência é etapa primordial para uma vida plena e com objetivos. Infelizmente, a geração que atua hoje no mercado de trabalho não foi educada e influenciada para compreender e apropriar-se de suas habilidades naturais. Atualmente, conseguimos observar que atuar em acordo com os talentos gera resultados muito positivos para pessoas e organizações, entretanto, um ponto importante a ser observado é a necessidade de autoanálise ou uma verificação externa constante capaz de avaliar se os desafios propostos, a uma pessoa ou time, estão em equilíbrio com suas competências. Ao citar as competências, não nos referimos apenas às competências técnicas, mas também às comportamentais.

Afinal, alto desafio e baixa competência podem gerar estresse, porém alta competência e baixo nível de desafio geram frustração.

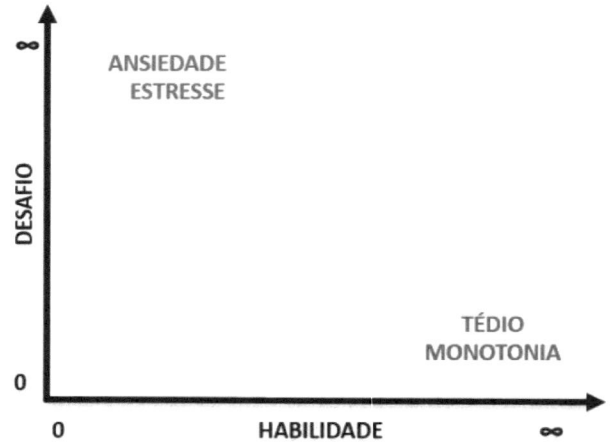

Um time engajado demanda equilíbrio entre desafio e competência. O desequilíbrio pode tornar-se um fator de esgotamento que levará o indivíduo ao esgotamento físico e mental intenso, que conhecemos como *síndrome de burnout*. O oposto dessa situação, em que há alto nível de competência com baixo nível de desafio, é capaz de minar o desenvolvimento de um excelente profissional, colocando-o na zona de conforto, diminuindo sua motivação e engajamento.

Esse é um dos motivos que nos faz compreender a importância do processo de autoconhecimento, ele permite a conexão de cada ser com sua essência, incentivando a compreender as razões que nos levam a agir com graus diferentes de dedicação e entusiasmo em determinadas atividades.

### Mas, afinal, o que é essência?

O dicionário apresenta as seguintes definições para o vocábulo *essência*.

es.sên.cia
substantivo feminino
1. aquilo que é o mais básico, o mais central, a mais importante característica de um ser ou de algo.
2. ideia central, argumento principal; espírito.
3. a existência.
4. FILOSOFIA no platonismo, o ser verdadeiro, conhecível na medida em que o espírito supera o caráter enganoso e ilusório das impressões sensíveis, tornando-se apto à contemplação das formas eternas e imutáveis da realidade.
Origem ETIM lat. essentĭa,ae 'id.'

Observando algumas dessas definições, podemos compreender que nas situações em que utilizamos essa palavra buscamos sintetizar o elemento da ocasião, seja uma pessoa, lugar ou momento. Em alguns casos, essa síntese é simples e fácil de alcançar, mas quando se refere a uma pessoa ou sentimento, chegar à essência pode não ser tão simples assim.

Muitos pensadores buscaram e buscam definir a essência humana, o filósofo *Ludwig Feuerbach*, por exemplo, apresenta a consciência humana e sua essência como objetos de estudo pensados dentro dos limites da condição humana e que, exatamente por serem humanos, serão limitados.

Para *Aristóteles*, a compreensão de essência se refere ao que preserva uma identidade consigo mesmo, uma homogeneidade, em que está tudo mesclado e indistinguível.

Ficaremos aqui com a concepção de que a essência de uma pessoa é aquilo que a constitui, o que é permanente em suas características, não é mutável de acordo com uma situação.

Alguns neurocientistas defendem o pensamento de que o sucesso não é fruto de talento inato, e que talento sem esforço é um potencial desperdiçado. Vamos entender melhor essas afirmações: é evidente que todo ser humano nasce com um talento registrado em seu código genético, seu DNA, como explicar uma criança que aos 5 anos de idade compunha suas primeiras obras, como *Wolfgang Amadeus Mozart*, é fato que as composições de Mozart até hoje são consideradas as mais complexas de serem tocadas.

Ou o que falar de atletas como os jogadores de futebol *Neymar* e *Cristiano Ronaldo*, que possuem talentos singulares com a bola nos pés. Talvez pelo fato desses talentos estarem registrados em seus DNAs, a diferença desses jogadores de alto rendimento para outros comuns seja o tamanho do esforço. A dedicação e repetição necessárias para uma pessoa com talento nato atingir a perfeição será infinitamente menor do que o esforço exigido para aquela que não possui habilidade nata para a mesma função, para essa será preciso repetir a mesma ação nove vezes a fim de alcançar bons resultados, enquanto para a pessoa com habilidade nata, esta deverá realizar a mesma ação por apenas três vezes ou menos, e assim atingir o resultado.

É importante ressaltar que a privação de uma habilidade nata não impede nenhum indivíduo de alcançar resultados ou tornar-se um grande especialista em determinada área, mas demandará mais dedicação e energia investidas. Como afirma o neurocientista Pedro Calabres, "talento sem esforço é potencial desperdiçado". E você está ciente de todo seu potencial ou tem desperdiçado seus talentos?!

Algumas pessoas sabem exatamente qual sua essência, conhecem seus talentos, possuem clara consciência sobre sua personalidade, crenças e valores; já outras podem nunca ter se questionado sobre qual sua verdadeira essência, e isso acontece com pessoas de lugares e situações de vida variados. Você pode já ter se deparado com alguém muito qualificado, com diversas formações e títulos, mas ainda "perdido em si", e outras pessoas sem nenhum conhecimento formal, mas de indiscutível propósito, que sabem exatamente o que desejam fazer e aonde desejam chegar.

### Extraindo a essência

A fim de conectar-se a sua essência, tal como ocorre na extração de um óleo essencial, é necessário seguir algumas etapas. O óleo essencial de lavanda, por exemplo está armazenado em todas as partes da planta desde as raízes, talos, folhas até suas flores, mas em baixíssima concentração e, por isso, para extraí-lo é necessária a destilação. Nesse processo, a água é aquecida, transformando-se em vapor, que faz a planta liberar seus óleos, esse vapor é condensado, resfriado e então o óleo separa-se da água que é liberada, resultando apenas na forma pura do óleo essencial de lavanda.

Todo esse processo de extração tem seu tempo e dedicação, é importante estar ciente de que a descoberta ou redescoberta de sua essência também demandará energia de sua parte, você certamente pode contar com alguém para lhe auxiliar nos processos, mas esse caminho é seu e é preciso o desejo de entrar em contato com todas as suas partes, da raiz às flores, refletir, examinar anseios, buscar auxílio interno e externo para aquilo que você desconhece e não domina e, enfim, trilhar o seu caminho de uma vida em sintonia com quem você realmente é.

O ser humano está tão conectado a seus títulos, posses e formações acadêmicas que deixou de viver a sua verdadeira essência.

Pare esta leitura e reflita por alguns minutos, quem é você sem seus títulos, posses ou cargos? Se retirarmos todos esses adereços, o que realmente ficará é a sua essência, aquilo que ninguém será capaz de tirar de você.

É muito comum em nossos treinamentos que as pessoas se apresentem automaticamente, expressando quais são sem seus títulos e posses, pouquíssimas são as pessoas que no primeiro momento se apresentam deixando de lado esses itens; poucos costumam apresentar-se como "*Um ser humano amoroso que busca fazer a diferença em sua vida todos os dias e que por consequência contagia o meio ao seu redor com sua atitude positiva.*"

Mas como podemos desconectar dos títulos e posses e criar uma conexão com a nossa verdadeira essência, conectar com a nossa alma o nosso espírito? A meditação *mindfulness* é uma técnica que busca levar as pessoas a se conectar com o seu ser e com isso diminuir a conexão com o ter.

Dedique ao menos cinco minutos do seu dia em parar e olhar para você, cuidar de você, isso é possível por meio de uma meditação focada apenas na sua respiração, experimente e vai perceber mudanças efetivas em sua rotina. A meditação auxilia na manutenção do foco, diminui a ansiedade, aumenta o grau de cognição, entre outros diversos benefícios, imagine beneficiar-se de alguns deles a partir de apenas cinco minutos de seu dia.

Outra forma de conectar-se a sua essência consiste no exercício da gratidão executado todos os dias, mas preste atenção, não estamos nos referindo à gratidão por mero protocolo, estamos falando da gratidão a qual você sentirá o prazer em ser grato por pequenas coisas.

Ser grato pela oportunidade de apreciar a vista da janela, contemplar o pôr do sol, ouvir um pássaro cantando longe, brincar com um animal de estimação e ver sua alegria espontânea e autêntica, ser grato pela gentileza do(a) companheiro(a), de um(a) amigo(a) de trabalho ou pela cortesia de um desconhecido na rotina agitada dos centros urbanos.

## O poder do ser humano

Mas, por que precisamos descobrir nossa real essência?

Descobrir quem somos nos possibilita viver melhor, Viktor Frankl, em sua obra *Em busca de sentido* cita que uma forma de encontrar sentido na vida é "experimentando algo, como bondade, a verdade e a beleza – experimentando a natureza e a cultura ou, ainda, experimentando outro ser humano em sua originalidade única, amando-o" (Frankl, 2008, p. 135).

Ao descobrir nossa verdadeira essência, deixamos de viver reféns de um modelo, modelo este muitas vezes construído apenas para agradar aos outros, e passamos a encarar a nossa vida como sendo o ponto mais importante, e motivados por isso passamos a cuidar melhor de nós mesmos.

### 5 ASPECTOS A SEREM CONSIDERADOS PARA CONECTAR-SE COM SUA ESSÊNCIA

#### 1. Valores
#### Reconheça seus valores

As leis que regulam uma sociedade são fundamentadas em princípios. Um indivíduo também segue diretrizes que representam seus valores pessoais, isto é, os princípios que norteiam a sua vida.

Nossos valores são a nossa bússola ao longo de toda a nossa existência neste plano, temos o primeiro contato com essas regras de conduta desde muito cedo em nossos lares, seja diretamente com os pais ou com aqueles que nos criaram, alguns desses valores estão explícitos, como por exemplo o hábito de "pedir a bênção" aos pais e avós, esse ato era uma forma de demonstrar respeito pelos mais velhos. Atualmente este é um costume pouco usual.

Entretanto, é habitual ver pais exigindo obediência dos seus filhos, este é um bom exemplo que explica o motivo de alguns valores estarem se perdendo em nossa contemporaneidade, afinal a obediência é mantida por força de lei ou pelo uso do poder. Outro exemplo interessante e presente na vida adulta é o comportamento de grande parte dos motoristas em áreas controladas por radares fotográficos, em que a possibilidade da penalidade é que determina o comportamento do motorista, que tende a ser momentâneo, ele diminui a velocidade quando se aproxima do radar e automaticamente aumenta após passá-lo. Nos países em que a cultura da segurança e o respeito às leis já são institucionalizados, os cidadãos respeitam as normas não por receio da punição, mas pela compreensão de seu propósito.

A nossa hierarquia de valores é algo tão importante e pouco discutida. Em nosso meio acadêmico, somos obrigados a decorar os afluentes do rio Amazonas, a fórmula de Bhaskara, a capital da Nova Zelândia, mas ao longo da nossa vida escolar não somos motivados a compreender, elencar e viver nossos valores.

Em 2014, durante a Copa do Mundo realizada no Brasil, uma cena interessante chamou a atenção da mídia brasileira, a cena da comunidade Japonesa limpando a arquibancada após o término de um jogo, tornou-se manchete de jornal, quando questionado um dos torcedores respondeu: "É justo que as outras pessoas, ao chegarem aqui, encontrem o local limpo, como nós encontramos."Uma resposta simples para um ato que deveria ser encarado como simples. Esse exemplo nos faz compreender que precisamos de alguma demonstração maior ou melhor de valor e respeito.

Pessoas que vivem pela sua essência são aquelas que não corrompem seus valores mesmo diante das mais desafiadoras situações. Pense bem, você tem plena consciência de quais são os valores que norteiam seu comportamento?

## 2. Propósito
**Sentido à vida**

Qual é a verdadeira razão de estarmos neste mundo, por que acordamos todos os dias? Será que a vida se resume a levantar pela manhã, tomar banho, escolher uma roupa, seguir para um trabalho, passar de oito a nove horas em uma empresa, depois retornar para casa, tomar banho, assistir ao jornal, jantar com a família quando possível, dormir e no outro dia iniciar toda essa rotina novamente?! Acreditamos que não, será possível ser feliz vivendo preso a esse círculo vicioso?

Sabemos que estamos alinhados ao nosso propósito quando encontramos um motivo real para acordar e viver o dia com felicidade.

Para Sri Prem Baba, "saber qual é o propósito é saber o que viemos fazer aqui. E o que viemos fazer aqui está intimamente relacionado àquilo que somos em essência, ou seja, o programa individual da alma está relacionado à consciência do ser".

O que faz a sua vida valer a pena? O que faz os seus olhos brilharem e o seu coração bater mais forte? As respostas para essas perguntas podem levá-lo à compreensão da sua verdadeira missão da alma. Atente-se para não confundir com a missão do ego.

Para Baba (p.19, 2016), "o propósito do ego, ou propósito externo, é como a casca de uma fruta, é uma camada superficial que encobre o verdadeiro programa da alma".

Da mesma forma que precisamos tirar a casca da fruta para saboreá-la, esse programa externo precisa ser removido para que o programa interno se revele.

Assim como a missão de uma organização é a verdadeira razão pela qual ela existe, nossa missão também é o que faz nos sentirmos vivos e nos faz a cada dia buscar mais e saborear os momentos de felicidade que são gerados quando estamos conectados com a nossa essência e vivendo a nossa verdadeira missão.

### 3. Tempo
### Planejamento e bom uso

Em nossa rotina é comum ver pessoas de diferentes áreas reclamando que precisam de mais tempo, seja para o trabalho, para se dedicar às relações afetivas ou atividades de lazer, essa sensação de que é preciso mais tempo torna-se cada dia mais presente em nossas vidas.

Mas será que alguns minutos em nosso dia teriam impacto positivo? Ou gerenciar melhor, compreender e respeitar nossas prioridades não seria mais efetivo?

A autonomia para gerenciar bem o tempo está intrinsicamente ligada ao autoconhecimento, quando compreendemos quem somos, quais nossas prioridades e valores, também aprendemos que a responsabilidade por nosso tempo está em nossas mãos, somente você poderá ser capaz de elencar e administrar o que é importante.

Há diversas ferramentas disponíveis que podem ajudá-lo nesse processo, de agendas a aplicativos de gestão do tempo, uma infinidade de soluções pode auxiliá-lo, mas somente o autoconhecimento será capaz de mostrar a você qual ferramenta será útil. Imagine uma pessoa com personalidade super extrovertida, flexível, sendo obrigada a registrar todos seus compromissos e afazeres em uma agenda de papel, certamente esse processo se tornaria desgastante e improdutivo, resultado exatamente oposto ao desejado. Quantas vezes organizações estabelecem procedimentos únicos e inflexíveis que acabam gerando insatisfação e frustração, para ter resultados é preciso personalizar ao máximo procedimentos e respeitar valores e motivações pessoais.

Analisar a própria rotina é um passo inicial para compreender quais os potenciais sabotadores do seu tempo, estar ciente de seus valores também é primordial para compreender se há situações das quais você discorda ou não agregam em nada seu propósito de vida, mas que você continua permitindo fazer parte de sua rotina, "roubando" seu tempo. Essa autoanálise também poderá ser capaz de lhe dar autonomia para dizer *não* quando for preciso. Quantas situações rotineiras de seu dia a dia são atribuídas a você e não consegue dizer não?

Compreender seus hábitos também é de grande valia para a melhor gestão do tempo, Charles Duhigg, em seu livro *O poder do hábito*, apresenta o *loop* do hábito e como é possível alterar hábitos nocivos para melhorar a rotina e mudar seus padrões de pensamento.

O *loop* proposto por DuHigg apresenta três aspectos: a *deixa*, a *rotina* e a *recompensa*, para o autor quando identificamos a fórmula que nosso cérebro segue automaticamente (DUHIGG, 2012, p. 296), "quando eu vejo, vou fazer rotina, para obter recompensa" torna-se possível reprogramar essa fórmula fazendo testes, adaptando novos hábitos, inserindo novas "deixas", tornando-nos cada vez mais conscientes de nossas escolhas e gerenciando melhor nosso tempo.

## 4. Relacionamentos
### Conexões sociais autênticas

Para algumas pessoas, desenvolver novos relacionamentos é fator espontâneo e de fácil execução, para outras exige esforço e algumas julgam não haver necessidade dessa conexão em suas vidas. Mas será mesmo possível conectar-se com sua essência sem estabelecer conexão com o outro?

A cada dia que passa, estamos nos acostumando mais com ambientes corporativos humanizados e sociais. Quantas organizações são capas de revistas com seus escritórios de design contemporâneo, divertido e repleto de "regalias", entretanto ambientes coloridos não determinam garantia de ambiente saudável e amistoso.

Ocupações consideradas estressantes, como as áreas de segurança e saúde, podem contar com profissionais mais felizes se esses ambientes forem favoráveis à construção de relacionamentos. Em artigo da Harvard Business Review (2019), Rob Cross, professor na faculdade americana Babson College, afirma que estudos mostram o impacto dos relacionamentos nos resultados de trabalho, "a gestão eficiente do capital social das empresas favorece o compartilhamento do aprendizado e do conhecimento, aumenta a retenção e o engajamento de colaboradores, reduz a ocorrência de quadros de *burnout*, promove a inovação e melhora o desempenho dos funcionários e da empresa como um todo". As conexões sociais são importantes para nosso desempenho profissional, investir em relacionamentos saudáveis potencializa nossos valores e nos proporciona momentos para recarregar as energias.

### 5. Criatividade
### A possibilidade de imaginar e criar

Ser criativo possibilita o desenvolvimento do ser, transformar uma ideia em algo concreto é consequência de diversas elaborações mentais e físicas que resultam em novas adaptações no comportamento de quem viveu esse processo, ou seja, a criatividade nos renova e apresenta oportunidades de desenvolvimento.

Indivíduos que exercem a criatividade com frequência tendem a ter mais facilidade para encontrar soluções em situações imprevistas e desenvolvem maior capacidade de autoanálise, pois estão mais acostumados a "olhar para dentro", dar vazão a sua sensibilidade e testar novas possibilidades.

A diversidade é um fator expressivo que favorece a criatividade, um indivíduo arraigado de preconceitos, de gênero, idade, raça, orientação sexual, entre outros, certamente tem dificuldades de atuar de forma criativa, pois está fixo as suas crenças, tornando-se incapaz de explorar novas opções, ter empatia e desafiar conceitos estabelecidos.

O processo criativo não deve estar designado apenas a artistas, aplicar soluções criativas em nosso cotidiano nos coloca em contato com nossa essência, pois a criatividade é também o exercício de filtrar as experiências cotidianas, internalizá-las, criar novas possibilidades e apresentá-las ao mundo de forma única.

Em suma, acreditamos que a essência é essencial, seja você quem for, independentemente de sua ocupação, posição social ou seja o que for, estar em contato com quem você realmente é certamente é um presente especial que todos merecemos.

Ser o mais consciente possível de suas escolhas lhe possibilitará distanciar-se de potenciais vínculos preestabelecidos e limitantes da sociedade, fazendo escolhas com base em seus valores e não apenas "seguindo a manada", sem nenhuma ou pouca independência. Você será responsável por suas conquistas e falhas, tornando-se cada dia melhor.

Esteja aberto para aprender com os outros, em livros, treinamentos, experiências, e esteja aberto para aprender sobre você e com você, e certamente verá os resultados de viver uma vida autêntica e com respeito a sua essência.

## Referências

BABA, S. P. *Propósito: a coragem de ser quem somos*. Rio de Janeiro: Sextante, 2016.

DUHIGG, C. *O poder do hábito*. Rio de Janeiro: Objetiva, 2012.

FELDHAUS, C. SCHAFRANSKI, J. *O conceito de essência humana a partir da concepção antropológica de Ludwig Feuerbach*. Revista Dialectus, Ceará, Ano 5, n. 12, 2018.

FRANKL, V. E. *Em busca de sentido: um psicólogo no campo de concentração*. Rio de Janeiro: Vozes, 2008.

MARQUES, D. S. *A doutrina da essência x existência na metafísica*. Revista Fafic, Paraíba, Ano 2, ed. 2, 2011.

## Capítulo 2

## Quem você é na sua essência?

Adamilton Lauredo

Se hoje tirássemos tudo o que você tem, o que sobraria? Desejo com essa reflexão, que saia o barulho interior que faz parte de sua vida, restando apenas o silêncio. O silêncio interior nos possibilita ouvir a voz que ecoa em nosso íntimo, proporcionando um momento de você com você mesmo. Seja dono do próprio sentimento, construa seu mundo interior conforme seus desejos e propósito.

## Adamilton Lauredo

Analista Administrativo, *Coach* para Vida e Palestrante, Graduado em Gestão Financeira pela Faculdades Unidas de Suzano – UNISUZ (2012), *Life Coach* e *Professional Leader Coach* com reconhecimento da World Coaching Council.

**Contatos**
adaton@ig.com.br
Facebook: adamilton.coach
Instagram: adamilton.coach

De acordo com o dicionário Aurélio, a palavra essência significa: o que constitui o ser e a natureza das coisas, qualidade predominante, o que há de mais puro e sutil do ser.

Quando se trata de pessoas, podemos afirmar que essência é como perfume, que exala do próprio interior. São as virtudes mais límpidas e puras, ou seja, tirando todos os títulos, posses, formações acadêmicas, ficando apenas as evidências do próprio eu.

Quando reporto a minha infância, observo que mesmo com uma vida muito simples, o amor dentro de casa fez toda a diferença para uma vida feliz, e que os desafios foram fundamentais para modelar os valores, crenças, personalidade e modelo de mundo.

Olhando para dentro, de forma introspectiva, conectando-me com o passado, vejo que em vários momentos turbulentos, quando estive a ponto de querer desistir dos próprios sonhos, verdadeiros anjos aproximaram-se, iluminando o caminho a ser percorrido, fazendo com que entendesse que o caminho é desafiador, porém mais importante do que a própria chegada.

Tudo o que acontece na vida simplesmente acontece por algum motivo, quem sabe porque você plantou ou não plantou, a vida é o que acontece hoje e agora.

Quando temos um bom propósito, o universo inteiro conspira a nosso favor;

Quem procura efetivamente os seus melhores dons sempre encontra a melhor resposta.

As coisas podem não ser como pensamos que sejam, mas podem vir a ser como queremos.

O melhor aprendizado que um ser humano pode ter é aquele que o ensina a encontrar as respostas mais eficientes aos desafios que a vida lhe apresenta.

Faça a vida valer a pena, como já dizia o escritor Benjamim Disraeli, "a vida é curta demais para ser pequena".

### Olhando nos olhos

Ao passar por uma praça pública, observando o mundo a nossa volta, podemos visualizar as pessoas de diversas formas, por aparência, por grupos, principalmente os mais jovens, ou simplesmente da maneira que são, como seres humanos, sem distinção de cor ou classe social.

Tive a oportunidade, um dia desses, em que me encontrava introspectivo, com o desejo de fazer o dia valer a pena, de conhecer um senhor muito simples, sentado em um banco de praça, separando ali alguns alimentos que havia ganhado de moradores próximos daquela praça. Conversamos por aproximadamente 30 minutos, o suficiente para ouvir uma história surpreendente de superação, percebi muita luta e conservação de seus valores.

O fato mais intrigante da conversa foi quando perguntei a ele:

— Qual seu maior sonho hoje?

E ele respondeu:

— Eu não tenho sonhos, não tenho motivos para sonhar!

Explanou os motivos pelos quais não mais sonhava, entendi naquele instante que era o modelo de mundo que ele estava vivendo.

Com a utilização algumas técnicas e perguntas baseadas no *coaching*, foi possível fazê-lo sentir-se melhor, ampliando a percepção, fazendo-o entender que o maior motivo de sonhar estava primeiramente na própria história de vida, na grandeza de todas as conquistas, em seu legado, na marca que estava deixando em sua família, seus filhos, netos e esposa.

É importante ressaltar que técnica nenhuma faz diferença se não houver o entendimento de que o mais importante é o ser humano.

Dessa forma, vivenciei naquele instante o propósito de fazer a diferença, de transformar a vida de alguém de maneira positiva.

E assim terminamos nossa conversa, com brilho nos olhos, agradecendo por aquele momento, com o aprendizado de não julgar, controlar e achar ser o dono da verdade, como diz o autor Hugh Prather, "não existe contraindicação em não julgar".

### Sonhos, metas e objetivos

"Sem sonhos, a vida não tem brilho.
Sem metas, os sonhos não têm alicerces.
Sem prioridades, os sonhos não se tornam reais."
Augusto Cury

No parágrafo anterior, ficou claro que uma vida sem sonhos é uma vida vazia e sem sentido.

O que nos impulsiona para a vida são os sonhos, devemos sempre elevar a capacidade de sonhar.

Suponhamos que tenhamos colocado nossos sonhos, metas e objetivos em um papel, visualizando nossas conquistas e os caminhos a serem percorridos, nada fará sentido, nada será materializado, nada se tornará realidade se não começarmos, devemos ter a iniciativa de buscá-los.

Além de começar, devemos ter foco, motivos bem claros da razão pela qual queremos vivenciar nossos ideais, perseverar e acreditar que tudo é possível.

Não faça das dúvidas seu alicerce, elas nos fazem perder o bem que sempre poderíamos ganhar por medo de tentar, foque onde quer chegar e não no medo.

Lembre-se, nunca acredite num caminho de facilidades para vencer na vida, o caminho mesmo com todos os obstáculos é tão importante quanto alcançar seu objetivo.

Aprecie e vivencie cada momento e continue caminhando. Caso desperte o desejo de desistir, pare, respire, reflita sobre o propósito maior, e o mais importante, volte a caminhar e acredite que está próximo da vitória. E quando alcançar a vitória, lembre-se sempre de traçar novas metas, novos objetivos, pois assim estará vivendo em abundância e com sabedoria.

Outro fator muito importante é a autorresponsabilização, fundamental para quem decide ter uma vida de sucesso e plena em todas as áreas da vida. Se sua vida não vai bem ou se está sendo um sucesso, de quem é a responsabilidade?

Se algo não o agrada, quem tem o poder de tirá-lo da frente?

Se está fazendo bem, quem pode decidir em continuar?

De que adianta viver reclamando de uma determinada situação, terceirizando a responsabilidade, se temos o livre-arbítrio para decidir. Quando deixamos de terceirizar nossas responsabilidades, passamos a obter os resultados que tanto almejamos, desde que estejamos dispostos a pagar o preço.

Pagar o preço está muito além de mensurar valores monetários, financeiros, diz respeito principalmente a estar disposto e se dedicar além de suas próprias forças, seja estudando mais, trabalhando mais ou dormindo menos, em alguns momentos estando até um pouco menos com a própria família.

O começo é o início de tudo, mas concluir, fechar o ciclo que começamos na vida, demonstra maturidade e foco. Toda meta, todo objetivo, todo sonho deve ser concluído.

O difícil fica fácil quando não sabemos das dificuldades que iremos encontrar no meio do caminho.

Como você deseja pintar o seu mundo? A aquarela é sua, pode pintá-la como quiser.

## O poder do ser humano

E, se for necessário, "mude, *mas comece devagar, porque a direção é mais importante que a velocidade",* Clarice Lispector.

### Desperte o gigante interior

Seja gigante, pense grande, pois pensar pequeno ou grande dá o mesmo trabalho, podemos dizer que somente pensar grande não adianta muita coisa, por esse motivo e com a ação e o desejo de vencer poderemos ir além do imaginário, fazendo toda a diferença para alcançar o sucesso.

Então, vai ficar aí parado pensando pequeno?

Além de pensar grande, os objetivos devem estar bem claros para que você possa entrar em ação, é de extrema importância conhecer os pontos fortes, as habilidades predominantes inerentes de cada pessoa. Dessa maneira, colocando-as em prática, canalizando sua energia com foco, se tornará imparável.

Desperte-se, encontre sua verdadeira essência, conecte-se com você mesmo, e quando isso acontecer, aprecie tudo, pois somos seres humanos únicos com uma energia interior inigualável. Apaixone-se cada vez mais por si, por sua história, tenha uma vida épica, acredite, ela é única e curta, mas não deve ser pequena.

Já parou para pensar em qual será a marca, qual legado que deixará nesta existência quando partir?

Viktor Frankl, escritor e psiquiatra, já dizia: "Quem tem um porquê enfrenta qualquer como". Reflita sobre o propósito que faz você a pessoa que é, e quem deseja ser, para que possa viver com sabedoria e abundância.

"Seja a mudança que você quer ver no mundo."
Mahatma Gandhi

### Gratidão

Como é sublime e majestoso o sentimento de gratidão que temos por algumas pessoas especiais em nossas vidas. O momento de demonstrar a essas pessoas o quanto somos gratos é agora, hoje, pois o amanhã é incerto. Caso não seja mais possível dizer com palavras, que então seja dito pela voz interior, por meio dos pensamentos em forma de oração.

Se você se lembrou de alguém em especial que merece um abraço, ou de palavras carinhosas de agradecimento, não perca tempo, diga logo a ela o quanto é especial.

Seja feliz e apaixonado pela história de vida que possui, tenha gratidão pelos pais, filhos, amigos e os abrace enquanto estão aqui.

Adamilton Lauredo

> "A gratidão é a memória do coração."
> Antístenes

**Gratidão ao meu pai**

Hoje parei para escrever coisas sobre você, jamais imaginei ser capaz de encantar pessoas, principalmente por meio de seus ensinamentos, exemplo de vida, mundo, crenças e valores que nos norteiam pela vida.

Aprendi com você que gratidão é algo que pessoas de coração nobre sentem por outras, que vem de dentro, da mais pura essência.

Pai, agradeço pela honra que recebi, quando olhei em seus olhos e os vi se fechando e você partindo, faltando-me forças e entendimento para o fim da sua jornada, naquele instante sua missão estava se cumprindo e o que restava era simplesmente e honrosamente seu legado, marcas que jamais se apagarão.

Agradeço ao Papai do Céu por ter dado a honra de estarmos juntos até a hora de sua partida.

Vivo o sentido, a essência, o legado que deixou em minha vida.

Papai, continuarei a jornada sempre o amando.

Homenagem *in memorian* a Armilton França Lauredo.

**Referências**

ESSÊNCIA in: Dicionário do Aurélio. Disponível em: <https://dicionariodoaurelio.com/essencia>. Acesso em: 13 de out. de 2019.

PRATHER, HUGH. *Não leve a vida tão a sério*. Rio de Janeiro, Editora Sextante, 2003.

MALA. Direção: Davis Guggenheim, Documentário, 2015. Disponível em: <https://www.netflix.com>. Acesso em: 13 de out. de 2019.

O MERCADOR. Direção: Tamta Gabrichidze, Documentário, 2018. Disponível em: <https://www.netflix.com>. Acesso em: 18 de out. de 2019.

# Capítulo 3

## Essência picante no relacionamento

Adriana Candido

O *coaching* no relacionamento e sexualidade é diferente e inovador. O sexo pode ser como um episódio do National Geographic, no momento da caça, em que a criatura mal respira, acredito que essa seja a cena da ocasião, entre muitas que descrevo aqui. Convido você a ler este artigo, garanto risadas, visualizações, aprendizados e outro olhar para o que você já fez, ou não, ou faz o tempo todo.

## Adriana Candido

*Professional Coach & Leader Coach* com reconhecimento internacional da World Coaching Council e chancelada pela Sociedade Portuguesa de *Coaching* Profissional. Graduada em Enfermagem pela Universidade de Mogi das Cruzes e pós-graduada em Docência, Auditoria e Gerenciamento na Área da Saúde e Avaliadora da Organização Nacional de Acreditação. Atualmente reside em Portugal e trabalha como Executiva de Saúde/Educação e *Professional Coach*. Criativa por natureza e apaixonada por pessoas.

**Contatos**
enf.dri@hotmail.com
(11) 99726-5120
(+351) 91343-8805 (Portugal)

## Adriana Candido

Sou solicitada por diversas mulheres com os mais diversos desafios envolvendo relacionamento em todas as vertentes e sexualidade. Por diversas vezes me pergunto sobre o porquê de atrair como um ímã esse perfil de pessoas.

Para você, caro leitor, entender esta essência picante do relacionamento do meu universo, vou contar a história por onde ela começou. Tornei-me esposa aos 18 anos de um homem maravilhoso, meu porto seguro, e não estou falando daquela maravilhosa cidade baiana com praias paradisíacas. Mas, sim, do meu companheiro de vida.

Poderia me justificar de uma forma ou de outra, porém esta é a mais pura verdade, me casei porque havia engravidado. E hoje percebo que foi a decisão mais racional que tomei na vida, tão jovem e tão inexperiente, não existe um único dia em minha vida em que eu me arrependa.

Minha primeira filha nasceu quando eu completei 19 anos, havia recém-saído da adolescência, não estava nem um pouco preparada, e tão pouco entendia sobre a vida, sobre uma vida a dois, casamento ou família. Eu ainda não tinha uma profissão, havia acabado de concluir o ensino médio, mal sabia sobre planejamento de vida, achava que as coisas iam acontecendo e a gente ia resolvendo, numa dinâmica desenfreada e sem rumo.

Lembrando que no começo do casamento é muito estanho dormir com outra pessoa ao seu lado, travesseiro desconfortável, o colchão não é o seu, você até pensa em dormir abraçadinho como nos filmes, porém é muito diferente. Mesmo sendo um sonho romântico que você tanto desejava ou então aquele que você imaginava quando brincava com suas amiguinhas de casinha na sua infância.

Minha família e amigos foram a minha inspiração, me proporcionaram uma enorme ajuda e aprendizado, porém a cena era de recém-casada, considere um turbilhão de emoções, casa nova, marido, filha recém-nascida, roupa para lavar, criança chorando, compras de mercado, feira para fazer, tentar amamentar e não conseguir, noites acordada. — Ah, eu quero minha mãe, e por aí vai, pura emoção e sem preparo algum.

## O poder do ser humano

Não posso deixar de comentar que não recebi manual das filhas, marido e casa até hoje (como se eu fosse ler o manual). Começo a usar qualquer eletrodoméstico novo para descobrir como funciona e na sequência aparece o marido Oscar perguntando como eu já li o manual tão rápido? Respondo... claro! Uma leitura dinâmica prática.

Por outro lado, nossos amigos estavam curtindo o momento da idade e da balada, indo para a diversão noturna, beijando muito e eu balançando minha linda menina, me apaixonando por ela a todo instante que ela me sorria e aparecia uma única covinha. Com um marido, casa nova e todos os acessórios que acompanham esse *kit*, conforme já descrevi anteriormente.

Na realidade, não quis nem saber sobre o parto natural e amamentar muito menos. Dói admitir isso hoje, levando em conta que sou uma enfermeira, tomei decisões equivocadas e sem conhecimento, ainda bem que tudo deu certo. Hoje tenho ciência que tive depressão pós-parto.

Passado o tempo, ganhei muito peso e estava cada vez ganhando mais. Nunca tive o corpo "padrão Miss Universo", passava longe de ser, sempre tive quadris largos e coxas grossas. Então, quando fiquei grávida da minha segunda filha, já pesando quase três casas decimais, o peso foi se multiplicando, como lactobacilos vivos. Coisa de doido, como a gente ganha peso sem querer.

E assim a vida foi tomando seu curso natural, e eu carregando um grande peso comigo. Acompanhado de todo esse peso, vinham as dores, o diabetes, a hipertensão e os traumas psicológicos.

Preciso que, você, leitor, feche os olhos e faça um exercício comigo de visualização, vou dizer o que quero que você imagine.

Sou morena, tenho 1,68m de altura, quadril largo, coxas sobressalentes e pesando 150 quilos.

Agora uma outra visualização, meu marido Oscar, atleta, 1,70m de altura e pesando 63 quilos.

Podem fazer cara de espanto. Esse é o primeiro *round* de uma luta.

Sou muito divertida e clara em minhas ideias. Talvez até clara demais.

Agora uma última visualização, imagine a cena que vou descrever. Trata-se do segundo *round*.

Em um dia comum durante o SS, sabe o significado dessa sigla? Não? Nada mais e nada menos que Sexo Selvagem!

Continuando, eu estava em cima dele. Hoje entendo o motivo pelo qual ele apenas mexia os olhos. *Quando assisto ao National*

*Geographic*, e naquele momento em que a caça é apanhada pela leoa, a criatura mal respira, acredito que essa seja a cena da ocasião.

Durante aquele momento de calor e fervor, apoiei no tórax dele, e sim, antes que você me pergunte, eu com os meus 150 quilos. Ouvimos um som estranho, *"crack"*, porém continuamos, valia muito a pena terminar o que estávamos fazendo, e como tudo passa na vida, fomos dormir.

No dia seguinte, começaram as dores no peito, sem explicação, é claro, não faz o menor sentido. E nos dias que vieram as dores foram aumentando, claro, sem qualquer causa, motivo, razão ou circunstância.

Como sou enfermeira, logo de cara levei o marido Oscar para fazer um Raio X e o médico que avaliou achou a imagem um pouco estranha, e solicitou outro exame, com mais detalhes, e no mesmo dia o marido Oscar realizou.

Agora estamos falando do terceiro *round*.

Como o dia de amanhã não pode esperar jamais, abri logo o exame detalhado que o Oscar realizou, vi a imagem e li o laudo do exame – nesse momento minhas pernas amoleceram. Sentei no chão do lugar onde estava e chorei! Lá fiquei pelas próximas quatro horas seguintes. Percebi que estava no chão do banheiro encostada na porta.

Naquele momento, eu descobri que a força do meu peso no tórax do meu marido Oscar fez com que as costelas se descolassem do osso esterno, que fica no centro do tórax.

Isso mesmo, fraturei o peito dele de forma traumática. Poderíamos comparar, da mesma forma quando um caminhão bate de frente com um fusquinha, ou seja, um estrago tremendo. Ou então, como o *round* final da minha luta.

E foi em algum momento dentro daquele banheiro, sentada no chão, atrás da porta, que decidi que não queria ser mais gordinha. Se fosse preciso, morreria tentando.

Fui então procurar informações sobre uma cirurgia que havia chegado ao Brasil há pouco tempo, muitos gordinhos estavam fazendo e muitos morrendo, a tal cirurgia bariátrica. Pesquisei, estudei, fui atrás do que queria, participei de muitos encontros em que havia pessoas que fizeram a cirurgia e tantas outras como eu, que gostariam de fazer.

Quando conversei com meu marido Oscar sobre a minha vontade, ele disse que jamais eu faria tal cirurgia, ele me amava como eu era, gordinha. Com 150 quilos, modesto ele.

Acredito que realmente ele me amava como eu era. Ambas

as famílias, tanto a minha, como a dele não concordavam com o meu desejo, os amigos discordavam mais ainda. O medo de todos era o enorme risco de morte na cirurgia e no pós-cirúrgico, porém eu não estava feliz comigo.

Roupa nenhuma me servia, quando encontrava alguma, comprava em todas as cores disponíveis, era muito difícil achar roupas e quando acontecia o preço não era tão acessível.

Andar de ônibus e passar pela catraca era algo muito desconfortável, tinha que descer pela frente do ônibus, por não conseguir passar pela catraca, a largura do meu corpo não me permitia.

Ir ao cinema não era um passeio agradável, porque eu não cabia na cadeira e, no final do filme, a dor no quadril era mais intensa que a história daquele filme, naquela época não existiam cadeiras para pessoas obesas.

Então resolvi fazer a cirurgia por mim, pela minha saúde, pela minha felicidade, pela minha vida sexual e pelo meu eu.

Família e amigos continuavam não concordando, meu marido Oscar tinha medo que algo ruim viesse a acontecer. Tratava-se de uma cirurgia que há pouco tempo estava sendo realizada no Brasil, ainda morriam muitos pacientes durante a cirurgia, na primeira semana de embolia pulmonar, e no primeiro mês seguinte, para aqueles que se aventuravam a tomar refrigerante ou comer outras guloseimas que não estavam incluídos no cardápio.

Comecei o preparo para a cirurgia, seis meses antes da data programada. Psicólogos, nutricionistas, fisioterapeutas, enfermeira, equipe médica... Não desisti, a cada dia tinha mais certeza da minha decisão.

Em um dia de abril, operei. E num período de 18 meses, perdi um oceano de 80 quilos. Gosto de pensar em um oceano, pela dificuldade em achar esses quilos novamente.

Gostaria de voltar a achar se fossem barras de ouro. Como não são, não desejo nem ver a sombra.

Imagine como fiquei... feliz. Isso mesmo, porém, quando me olhava no espelho não estava tão feliz assim, parecia uma uva passa desidratada, como aquelas utilizadas em todos pratos na época do Natal.

Antes da cirurgia, usava o tamanho 54, mas depois passei a usar o tamanho 42, as peles da minha barriga caída formavam um avental que ia até a metade das minhas coxas.

Estava passando por uma outra fase... não aceitava aquela minha condição. Sexo só acontecia com camiseta, não trocava de roupa perto do meu esposo, não deixava que ele me visse nua.

Como poderia deixar, se nem eu gostava do que via no espelho. Eu estava feliz por estar magra, porém não me aceitava.

Embora o SS tenha ficado muito melhor sem todo aquele peso. Ele conseguia mexer mais que os olhos, cada vez estava mais interessante, me lembrava dos momentos de namoro antes de todo aquele peso.

Resolvi fazer cirurgia plástica, acrescentar o que não tinha e tirar o que estava sobrando.

Aí, sim! Agora amei! Ficou show! Ninguém segura! De bem comigo mesma, adorava me ver no espelho, ver regiões que não via há muito tempo.

E, agora, então, ninguém segura o SS! Cada vez melhor e mais selvagem! A história do *National Geographic* mudou um pouco... Dessa vez, a leoa caça, apanha a presa e a presa tentava se defender. Às vezes, me pego rindo sozinha, lembrando de cada cena.

Passei a divulgar minha história, realizar palestras, ser convidada para jantares e reuniões somente para mulheres, e a cada vez atrair mais mulheres ao meu lado.

Agora voltamos ao início deste capítulo. Foi aí que realizei a formação em *coaching*, o que foi um grande divisor de águas em minha vida, e pude entender minha missão de vida e o impacto que eu causava por onde passava.

O público feminino não parava de chegar pela minha história, e acrescentava outros desafios do dia a dia. Ansiavam por respostas e fórmulas para problemas com relacionamentos e sexualidade.

Foi quando resolvi me especializar nesse segmento. Atualmente sei que as pessoas desejam a felicidade, afinal quem não quer! Hoje trabalho em prol dessas mulheres, desses relacionamentos e dessas famílias.

Amo ser mulher e compreendo outras mulheres. Entendo suas angústias, medos, diferenças com familiares, medo de se tocarem, a solidão e até mesmo as viúvas que pretendem permanecer nesta condição, porém desejando a felicidade. Ou as que procuram um pouco de diversão e técnicas sexuais e eróticas para surpreender seu parceiro. E por tantas outras que não sabem o que é um orgasmo.

Utilizando o benefício de ser enfermeira, estudando e conhecendo como o corpo humano funciona, e sendo uma profissional *coach*, sabendo como o nosso cérebro opera e reage a muitos sentimentos, estudando os gatilhos mentais, programando como enfrentar o medo e nos aceitando, passei a atender às mulheres, as mais diversas. Com inúmeros desafios, diversas histórias e grandes sucessos.

Por meio de ferramentas e estratégias corretas, cada mulher consegue descobrir o que é felicidade e viver a sua essência. Cada uma no seu tempo e no seu momento, umas mais picantes que outras.

Hoje estou realizada profissionalmente, fazer a diferença na vida dessas mulheres mudou a vida delas e a minha também!

A minha maior satisfação como profissional *coach* foi receber uma ligação na madrugada e ouvir de uma cliente: *eu senti um orgasmo pela primeira vez de verdade! Isso não tem preço!*

# Capítulo 4

## Qual é o seu valor de mercado?

Adriano Furtado

> "*Marketing* pessoal não significa, de forma alguma, uma propaganda da pessoa, mas uma representação da forma que a pessoa deseja ser vista pelos outros."
> **LEAO, J.F.**

A palavra *marketing* é publicada a fim de que se passe a conhecer sua importância no mercado. Mas por que tamanha importância? Por que se investem tantos recursos nesse setor? Convido você a refletir sobre como agrega valor à sua vida.

## Adriano Furtado

*Coach* com formação em Psicologia Positiva, Analista Comportamental, Analista 360°, graduado em Tecnologia em Processamento de Dados, MBA em Gestão Empresarial, por 19 anos, atuou como gerente em Instituição Financeira, palestrante, consultor empresarial e professor universitário.

**Contato**
adrianofurtadosilva@hotmail.com

A importância do marketing, principalmente nos dias de hoje, é um fato. Construir um mercado de consumo, transformar DESEJOS EM NECESSIDADES, tornar seu produto conhecido e respeitado é um dos requisitos importantes do marketing.

Mas quanto custa tudo isso? Quanto as empresas estão dispostas a investir para ser *"re"conhecidas* e agregar valor à sua marca?

O que se pode ver é um grande volume de investimentos financeiros, para que na tomada de decisão de compra, o consumidor lembre da campanha de marketing e decida pela compra do produto.

E como temos tratado nosso produto mais valioso, NOSSA IDENTIDADE?

De que forma temos nos vendido e de que modo temos investido em melhorias pessoais e profissionais?

Qual foi o último investimento feito por VOCÊ e para VOCÊ?

De que forma as pessoas têm se identificado com sua forma de agir e como têm entregado o resultado do seu trabalho?

## O que é marketing

No ano 2000, Philip Kotler definiu que *"marketing é o processo por meio do qual pessoas e grupos de pessoas obtêm aquilo de que necessitam e que desejam com a criação, oferta e livre negociação de produtos e serviços de valor com outros"*.

Em 2004, a American Marketing Association definiu que *"marketing é uma função organizacional e um conjunto de processos para criar, comunicar e distribuir valor aos clientes e para administrar o relacionamento com clientes de forma que beneficie a organização e os seus Stakeholders"*.

Em 2007, a American Marketing Association fez mais uma alteração, sendo que agora:

> *Marketing* é a atividade, conjunto de instituições e processos para criar, comunicar, distribuir e efetuar a troca de ofertas que tenham valor para consumidores, clientes, parceiros e a sociedade como um todo.

> Marketing é a ciência e a arte de explorar, criar e entregar valor para satisfazer as necessidades de um mercado-alvo com lucro. Marketing identifica necessidades e desejos não realizados. Ele define, mede e quantifica o tamanho do mercado identificado e o potencial de lucro. Ele aponta quais os segmentos que a empresa é capaz de servir melhor e que projeta e promove os produtos e serviços adequados. (Philip Kotler)

## Qual a importância do marketing

*Marketing*, além de importante, é essencial. Não se pode conduzir uma organização a um projeto, a um lançamento de produto ou serviço sem antes conhecer geograficamente, demograficamente, psicograficamente a população inserida por meio da não menos importante PESQUISA DE MERCADO.

"A META do *marketing* é CONHECER e ENTENDER o consumidor tão bem que o PRODUTO ou SERVIÇO se molde a ele e se venda SOZINHO." Peter Drucker

A PESQUISA DE MERCADO consiste na definição do problema e dos objetivos de pesquisa, desenvolvimento do plano de pesquisa, coleta de informações, análise das informações e apresentação dos resultados para administração. Ao realizarem a pesquisa, as organizações devem decidir se devem coletar os dados ou usar dados já disponíveis. Devem também decidir sobre qual será a abordagem da pesquisa (observação, grupo focal, levantamento, experimental) e que instrumento (questionários ou dispositivos mecânicos) usar.

A importância e o objetivo da análise de mercado é realmente entender e compreender os diversos fatores e dinâmicas do mercado, identificar os caminhos e oportunidades que estão ou estarão surgindo, observar suas tendências e ameaças, assim como também as incertezas estratégicas que podem ou poderão orientar a coleta de informação e sua análise.

Definido o que é *marketing* e sua importância, faz sentido agora dizer que também o profissional é um produto, e esse produto deve ser vendido, deve ser lançado, conquistado e agregado valor.

- De que forma as pessoas, famílias e empresas têm comprado e comparado você com esse profissional?
- Pensando nisso, será que faz todo sentido dizer que o mercado de trabalho, na sua tomada de decisão, faz questão de comparar os produtos (profissionais)?

- Qual o legado que você tem construído, e de que forma você, profissional, está sendo lembrado?
- Tem investido parte de seus rendimentos no seu crescimento profissional e pessoal? Qual foi a última vez que investiu em você?
- Seu *networking* é formado por pessoas, profissionais de qualidade, que pensam em crescimento, em desenvolvimento?

### Construindo seu marketing pessoal

Há uma frase do grande empreendedor e palestrante Jim Rohn muito interessante que passei a usar constantemente, faz todo sentido, e quero compartilhar:

"Você é a média das cinco pessoas com quem mais convive".

Quando cito essa frase, não estou dizendo que você deva excluir pessoas importantes e que não tenham a mesma visão de crescimento que você. Somos gratos a essas pessoas por sua existência em nossa vida e continuarão sendo importantes, e temos que dar valor a isso. Gratidão por nossa história.

O que precisa ser feito muitas das vezes é melhorar nosso *networking*. Mais do mesmo não. Procurar agregar valores ao nosso produto EU.

Se quero ser o melhor engenheiro da minha região, tenho que estar com os melhores engenheiros, se quero ser o melhor advogado, tenho que estar com os melhores advogados. Qual tem sido seu BENCHMARKING, a comparação do trabalho de um profissional com outro do mesmo segmento.

*Benchmarking é um processo de comparação de produtos, serviços e práticas empresariais, e é um importante instrumento de gestão das empresas.*

*O benchmarking é realizado por meio de pesquisas para comparar as ações de cada empresa.*

### Superdicas para um bom *marketing* pessoal e profissional

DICA N° 1
Faça uma análise sobre você. Qual é o seu ESTADO ATUAL e qual é o seu ESTADO DESEJADO.

DICA N° 2
Você é um PRODUTO, pense então como um PRODUTO. Como está sua embalagem, seu conteúdo, sua divulgação, como os outros estão VENDO E COMPRANDO você.

## O poder do ser humano

DICA Nº 3
INVISTA em você, na sua postura, na sua imagem, sempre AGREGANDO algo de valor.

DICA Nº 4
Participe de reuniões, esteja em palestras, cursos, seja VISTO e RECONHECIDO como alguém à procura de CRESCIMENTO.

DICA Nº 5
Em seu ambiente de trabalho, ENTREGUE sempre mais do que solicitado. Esteja DISPONÍVEL para o aprendizado.

DICA Nº 6
CUIDADO com horários, prometeu? CUMPRA. Não atrase em seus compromissos.

DICA Nº 7
SEJA entusiasmado, receptivo, positivo, atencioso e bem-humorado.

DICA Nº 8
Se vista de forma ADEQUADA para cada ambiente seja trabalho ou não. Lembre-se, você sempre está sendo OBSERVADO.

DICA Nº 9
Cuidado com REDES SOCIAIS, o que você está publicando, suas fotos ou o que escreve. A rede é essencial e muito importante, mas também perigosa se usada de forma errada.

DICA Nº 10
Seja um SOLUCIONADOR DE PROBLEMAS, não seja o problema. Ao apontar um problema, SUGIRA também uma forma de como solucioná-lo.

DICA Nº 11
Cultive sua ÉTICA e sua honestidade de forma inabalável. A vida testa você! Caminhos não éticos são atalhos que conduzem a ABISMOS!

DICA Nº 12
CUIDE de sua saúde, sua resistência física, mental e emocional. Mantenha o EQUILÍBRIO entre corpo, mente e espírito.

## Capítulo 5

### Envelhescência: velhice com essência

**Cláudio Silva de Sousa**

O que você quer ser quando envelhecer? A cada dia observa-se que há inúmeras formas de vivenciar cada fase da vida. O envelhecimento dá a capacidade de libertar-nos dos rótulos e autonomia para viver em plenitude. A cada ano, se torna mais comum conviver com octagenários, nonagenários e até centenários. Assuma o controle do seu processo de envelhecimento e tenha uma velhice bem-sucedida.

## Cláudio Silva de Sousa

Sócio-fundador da Sênior Saúde 360°. Mestre em Políticas Sociais e Cidadania. Pós-graduado em Ativação de Mudanças na Formação de Profissionais de Saúde e em Fisioterapia Desportiva. Fisioterapeuta. Experiência na Docência Universitária e Gestão Acadêmica. *Coach* certificado pela Ehumanas e CastCoach.

**Contatos**
www.seniorsaude360.com.br
claudiosousa@seniorsaude360.com.br
(34) 99161-9849

Cláudio Silva de Sousa

"A coisa mais moderna que existe nesta vida é envelhecer."
Arnaldo Antunes

Quantas vezes ouvimos a seguinte pergunta: "O que você quer ser quando crescer?". Teria sido muito mais útil se nos perguntassem: "o que você quer ser quando envelhecer?"

Bebê, criança, adolescente, jovem, adulto, idoso, o que são essas palavras senão rótulos que atribuímos as faixas etárias? O que há de comum em cada uma dessas fases? Todas estão seguindo rumo ao envelhecimento. A cada dia observa-se que há inúmeras formas de vivenciar cada uma dessas fases. O envelhecimento dá a capacidade de nos libertar dos rótulos. Dá autonomia para viver em plenitude. Você pode escolher viver sem rótulos.

O caminho contínuo da vida é composto por vários trechos mais ou menos definidos na trajetória de cada indivíduo. A infância, adolescência, juventude, fase adulta e velhice são etapas que uma vivência bem-sucedida irá nos possibilitar trilhar. Em cada trecho dessa jornada, o ser humano se depara com atividades, desafios, possibilidades, responsabilidades e compromissos individuais e coletivos inerentes a cada ciclo de vida.

Muitas dessas atividades e compromissos são histórica e socialmente definidas, esperadas e incentivadas. Da criança se espera obediência, dedicação aos estudos para ser útil na fase adulta. Dos adolescentes se espera que continuem dedicados à formação e escolham a área para desempenhar sua utilidade. Do adulto se espera que seja trabalhador, reproduza, forme uma família a qual irá sustentar e dar continuidade à espécie. E do idoso o que se espera?

Embora se convencione atrelar cada um dos ciclos da vida a faixas etárias específicas, a idade não é o fator principal no desempenho das atribuições sociais de cada uma delas. A jornada é composta por trechos comuns a todos, mas a viagem é personalizada. Envelhecer é inevitável, ser "velho" é opcional.

## O poder do ser humano

Até pouco tempo atrás não se esperava muito dessa etapa da vida. Acreditava-se que essa era uma fase de descanso e repouso, na qual, após cumprir seu papel social, o indivíduo se resignava com a finitude da vida e desfrutava seus últimos anos contemplando o desempenho dos filhos e netos. No máximo compartilhando a sabedoria acumulada. Isso tem mudado radicalmente no início do século XXI.

### Estamos todos envelhecendo

Os avanços científicos e tecnológicos que sucederam a fundamentação da teoria microbiológica das doenças (Louis Pasteur, 1822-1895) e a descoberta da penicilina (Alexander Fleming, 1881-1955) possibilitaram o aumento da expectativa de vida. Nos últimos anos do século XX, essa expectativa de vida saltou dos 65 anos em 1940 para 85 anos em 2010, isso em países desenvolvidos. (ABRAMOFF, 2017)

O desafio agora é acrescentar mais vida a esses anos a mais conquistados. A humanidade está aprendendo a ir mais longe, a trilhar por caminhos até então desconhecidos. A cada ano, se torna mais comum convivermos com indivíduos octagenários, nonagenários e até mesmo centenários. O que se pode observar é que a experiência vivenciada pelas pessoas que atingem esse trecho da vida continua muito diversificada e personalizada. Porém, fica cada vez mais claro que a forma com que se vive aos oitenta, noventa ou cem anos é reflexo das escolhas que se fez ao longo da jornada da vida. Portanto, se você quer viver bem a velhice, é necessário viver bem cada etapa da vida.

Seja qual for a idade, o trecho da vida que se esteja percorrendo, a capacidade de sonhar, o desejo de realizar, a criatividade são potentes molas propulsoras para a jornada. A conquista e a vivência da liberdade e da autonomia são metas que dão sentido e direção à vida. A capacidade de realizar, construir, produzir dão significado a nossa existência. Isso forma a essência do ser humano, o seu cerne, e possibilita seu desempenho.

As experiências vividas ao longo da jornada da vida vão se acumulando e incorporando a bagagem do viajante. As crenças, os princípios, os valores vão incrementando o potencial desempenho do indivíduo. Essa bagagem pode ser de instrumentos e ferramentas úteis para o aumento da capacidade realizadora ou, a depender de como são experienciadas, podem gerar peso morto, dificultando o avanço e desempenho.

Embora individual, a jornada da vida não é solitária. Há diversos viajantes que compartilham historicamente suas trajetórias. Pais, irmãos, professores, amigos, cônjuges, filhos são parceiros de viagem que contribuem significativamente com nossas experiências e formação de bagagem. A diversidade e qualidade dessas interações enriquecem nossa jornada e contribuem para que seja única.

A consciência da finitude e transitoriedade da vida não devem nos tornar depressivos e resignados, mas nos despertar para viver cada dia, não como se fosse o último, mas sim o único, com um sentimento permanente de alegria e gratidão. (ABRAMOFF, 2017)

### Crenças sobre o envelhecimento

Nossas crenças, opiniões e pontos de vistas pessoais influenciam nossos comportamentos. Muitas pessoas possuem crenças negativas e limitantes a respeito do envelhecimento. Acreditam que a velhice é uma fase triste, escura, repleta de dores e sofrimentos. Essas crenças podem ter origem na observação do envelhecimento de gerações anteriores, que envelheceram em outro contexto podem levar o indivíduo a ter comportamentos que não favoreçam um envelhecimento bem-sucedido, tornando suas crenças a respeito da velhice uma profecia autorrealizável. (AROCA et al., 2011)

Tal comportamento faz com que alguns idosos possuam ideias irreais a respeito da velhice, gerando sentimentos de incapacidade injustificados, condutas passivas e de desatenção. Aroca et. al. (2011) denominam esse quadro de "Complexo de Velho" e alertam que isso pode levar ao ostracismo, à inatividade, à incapacidade e inclusive à morte prematura.

Existem estudos que demonstram que pessoas que possuem crenças positivas, agradáveis e uma boa autoestima vivem 7,5 anos a mais do que as que têm pensamentos negativos e se veem de forma negativa. Ressignificar suas crenças, a respeito de si e da velhice, faz com que você viva mais e melhor.

Quem disse que viver é sofrer? Como posso me preparar para ter uma boa velhice?

### *Coach* de envelhecimento

O *coaching* é um processo interativo, que fomenta a autoconsciência e a responsabilidade, potencializando os resultados humanos a níveis extraordinários (MANCILHA, PAIVA, RICHARDS, 2011; NASCIMENTO, 2014), sendo útil e aplicável a qualquer fase do ciclo da vida, gerando maximização do desempenho e desenvolvimento pessoal.

Em que fase da vida você se encontra? Você está envelhecendo? Tem consciência disso? Quais as suas crenças a respeito da velhice? Como quer viver sua velhice? O que você está fazendo hoje em prol da velhice que você deseja? Há mudanças necessárias em seu estilo de vida que possam lhe fazer viver mais e melhor? O quão comprometido você está em ter uma boa velhice? Qual o seu plano de envelhecimento?

Envelhecer impõe ao ser humano uma série de obstáculos, porém a decisão de como encarar esses obstáculos é individual. Você pode encará-los como desafios e utilizar-se de sua bagagem acumulada ao longo da vida para vencê-los ou considerá-los como inevitáveis e intransponíveis, limitando-se a aceitá-los e administrá-los.

É importante tomar consciência de que você está envelhecendo. Ressignificar suas crenças a respeito da velhice. Escolher como quer viver essa etapa da vida. Analisar quais são suas fortalezas e fraquezas nesse processo. Autorresponsabilizar-se por seu envelhecimento. Construir um projeto de vida que contemple a velhice que você deseja.

### Projeto envelhescente

Toda realização é precedida de um projeto. Primeiro se idealiza, traça-se metas, verifica-se recursos e então se constrói. Só há vida se houver projeto de vida. O projeto de vida da infância é majoritariamente idealizado pelos pais. Na adolescência, esse projeto é, muitas vezes, construído pelos próprios adolescentes, porém com grande participação de pais e amigos, participação essa em muitas das vezes conflituosa.

Na juventude e vida adulta, embora se tenha a impressão de liberdade para projetar sua própria vida, as pressões sociais ditam boa parte das metas de seu projeto. No entanto, cabe ao indivíduo escolher os caminhos que possibilitarão cumprir seu papel.

Já na velhice, até então não se espera muito dessa fase da vida. O "velho" ainda é visto por boa parte da sociedade como improdutivo, dependente, frágil, digno de cuidado. Embora isso não represente boa parte da nova velhice. Daqueles que graças aos avanços científicos e tecnológicos conquistaram anos de vida a mais.

Ausência de obrigações familiares, compromissos profissionais e disponibilidade de tempo são fatores que contribuem para incentivar o sujeito a sentir-se livre. Livre das obrigações sociais atreladas às outras etapas da vida, o cerne da experiência da velhice parece ser a satisfação pessoal. Cabe ao indivíduo buscar em si mesmo as motivações que lhe possibilitarão elaborar o seu projeto de vida na velhice. (SILVA, 2009)

A construção de um projeto de vida na velhice possibilitará o envelhecimento bem-sucedido e requer acesso a informações, aprendizagem contínua, aquisição de novas habilidades, absorção de novos conceitos e tecnologias. Uma atitude positiva e ativa frente ao processo de envelhecimento. (KALACHE, 2008)

Visto que um projeto de vida na velhice é essencial para um envelhecimento ativo, quando começar a elaborar um projeto de vida para a velhice? Quando se começa a envelhecer?

Para Silva (2009), a terceira idade não possui início socialmente determinado, mas se apresenta mais como uma "mudança de atitude" por parte do sujeito. Visto dessa forma, e considerando que o envelhecimento é um projeto individual, não é preciso ser velho para planejar nossa velhice, basta reconhecer que a qualquer idade somos todos envelhescentes. Mas se você já tem idade suficiente para ser rotulado de "velho", não se preocupe "nunca é tarde demais para ser o que você poderia ter sido". (George Elliot)

Quais os recursos que você dispõe para viver sua velhice? Kalache (2014) aponta quatro capitais essenciais ao envelhecimento bem-sucedido:

1. Vital;
2. Cognitivo;
3. Social;
4. Financeiro.

Esses devem ser capitalizados ao longo do curso da vida. Quanto antes se despertar para a realidade do envelhecimento, melhor preparado você estará para vivenciar essa etapa da vida.

O capital vital está associado à saúde. O processo de envelhecimento fisiológico está associado a algumas perdas inevitáveis, como a perda de massa muscular e massa óssea. Se é inevitável, como posso me preparar? Durante as fases que precedem essas perdas que se iniciam por volta dos 40 anos, o indivíduo pode acumular massa óssea e massa muscular por meio de cuidados com sua alimentação e atividade física.

Outro capital essencial para o envelhecimento bem-sucedido é o cognitivo. Memórias, conhecimento e aprendizados conquistados ao longo da vida. Portanto, esteja sempre bem informado, leia, estude, aprenda e, acima de tudo, aprenda a aprender.

O conhecimento oriundo do acúmulo de experiências a que os sujeitos se referem como a sabedoria típica da maturidade é uma habilidade que permite se adaptar da melhor forma possível às exigências do contexto. (SILVA, 2009)

As boas relações familiares e as amizades que construímos ao longo da vida compõem o capital social que teremos na velhice. Pesquisas mostram que vários comportamentos determinantes da saúde e longevidade como tabagismo, obesidade, felicidade e até solidão são contagiantes. Círculos sociais podem compartilhar comportamentos positivos que contribuam para um envelhecimento bem-sucedido. (BUETTNER, 2018)

Independentemente de nossa idade, ficamos velhos um dia de cada vez. Não é necessário aguardar uma idade avançada para pensar na velhice que queremos. Nossa qualidade de vida em idades mais avançadas será fruto das escolhas que fizermos hoje.

Não tenha medo de envelhecer, essa é a melhor opção. Assuma o controle do seu processo de envelhecimento e tenha uma velhice bem-sucedida. Conheça a si mesmo e saiba qual velhice lhe interessa. Ninguém pode ensiná-lo a envelhecer, mas você precisa aprender. O *coaching* é um processo que o ajudará a encontrar seu caminho para a boa velhice.

## Referências

ABRAMOFF, Sérgio. *Rejuvelhecer: A saúde como prioridade*. 1. ed. Rio de Janeiro: Intrínseca, 2017.

AROCA et. al. *Coaching gerontology©: envelhecer com êxito por meio da aprendizagem*. Em Extensão, v. 10, n. 2, p. 131-139, jul./dez. 2011.

KALACHE, Alexandre. *O mundo envelhece: é imperativo criar um pacto de solidariedade social*, Ciência & Saúde Coletiva, v. 13, n. 4, p. 1107-1111, 2008.

KALACHE, Alexandre. *Respondendo à revolução da longevidade*. Ciênc. Saúde Coletiva, v.19 n.8, Rio de Janeiro, Aug. 2014 (Editorial)

MANCILHA, J; PAIVA, L; RICHARDS J. *Coaching: passo a passo*. Rio de Janeiro, Ed. Qualitymark, 2011.

NASCIMENTO, W. *Apostila da Formação Professional Coach*. São Paulo: EHumanas, 2014.

SILVA, L. R. F. *Autonomia, imperativo à atividade e máscara da idade: prerrogativas do envelhecimento contemporâneo?* Psicologia & Sociedade; v. 21, n. 1, p. 128-134, 2009.

## Capítulo 6

### A essência do empreendedorismo social

Francisca Magalhães

Abordar esse tema é visualizar principalmente um futuro muito próximo, e temos o poder de transformá-lo em algo muito melhor, a partir de ações tomadas agora, ou não, se fecharmos os olhos para a atual situação.

## Francisca Magalhães

Engenheira Química, Especialista em Gestão Empresarial e Empreendedorismo, Escritora, *Coach* e *Practitioner* em PNL. Representante legal da Firenze Eventos e Assessoria. Vice-Presidente do Instituto Virtutis, atua nas áreas de Desenvolvimento Humano/Coaching. É responsável por potencializar mudança de comportamento com implantação de atividades em Projeto Social. Engenheira Química, e pós-graduada em Gestão Empresarial pela Universidade de Mogi das Cruzes. É *Practitioner* em PNL pelo Instituto Paulista de PNL licenciada pela NLP University, *Professional Coach* com reconhecimento da Word Coaching Council e *Master* em Desenvolvimento Humano pela EHumanas. Em sua experiência profissional, atuou em empresas nacionais e multinacionais, liderou equipe de produção e laboratório. Foi responsável técnica e implantou sistema da qualidade, além de cuidar de assuntos regulatórios. Sempre em busca de novos conhecimentos, busca obtê-los pela convivência com diferentes grupos, em treinamentos e viagens.

**Contato**
franciscamagalhaes@yahoo.com.br

Quando surgiu a possibilidade de escrever sobre esse tema, fiquei a pensar por algum tempo até organizar as ideias. Há pouco havia me dado conta de que sou uma empreendedora social. Sim, digo "há pouco" porque até então o trabalho social que ajudei a fundar e colaboro com a gestão, a meu ver, era apenas uma atividade que ocupava o meu tempo ocioso.

Com isso, me questionei: qual é a essência do empreendedor social? E pensando assim fiz uma retrospectiva de nossa realidade até concluir que vivemos numa sociedade bastante desafiadora, em que a desigualdade social é muito presente, é possível que esse empreendedor muitas vezes sinta-se incomodado com tal realidade. E então parte para a ação com objetivo de mudar o quadro.

Penso que, muitas vezes, ele é um visionário, desbravador. Ou talvez é um idealista e chama para si a responsabilidade de transformar pessoas. Chega a pensar que salvará o mundo. No entanto, terá horas em que precisará ser salvo. Descobrirá nesse percurso várias realidades que lhe eram desconhecidas. Inclusive as suas próprias.

O que mais impulsiona o empreendedor nessa jornada? Neste artigo, apresentarei alguns dados que podem sanar essa dúvida.

### O empreendedor social

Talvez você em algum momento realizou ou deseja participar de um projeto social. Com certeza, pensando que realizar boas ações é nobre e enriquecedor. Provavelmente, se fizer uma autoanálise, descobrirá que esse desejo é de muito tempo em sua vida.

Em ação, perceberá que o terceiro setor é muito semelhante a uma empresa tradicional. O empreendedor social normalmente utiliza técnicas de qualquer outro empreendedor como: gestão, inovação, criatividade, sustentabilidade entre outras, sempre com o objetivo de potencializar o capital social de uma comunidade inserida em um bairro.

### 4 Características do empreendedor social

1 - Normalmente esse indivíduo é alguém que tem propósito, acredita em seu potencial, tem capacidade de liderança, influencia

pessoas e trabalha facilmente em equipe. Por isso, em geral, assume a gestão daquilo que faz, pois enfrenta os desafios mesmo quando sente medo. Diante do fracasso, não se abala, ele acredita que essa é uma boa oportunidade de aperfeiçoamento. É provável que ele desenvolva diversas atividades em outros segmentos, até perceber que existe um contraponto na sociedade no qual ele pode colaborar pelo crescimento em prol do bem comum.

2 - Obtém conhecimentos com quem tem "*know-how*". Como profissionais, entidades, sites específicos e Sebrae. A maior incentivadora na fundação do Instituto Virtutis (www.institutovirtutis.com.br), do qual faço parte, foi a Ordem dos Franciscanos: www.francisconaprovidencia.org.br.

3 - Aplica o que aprendeu e monitora os resultados com constância. Como em qualquer negócio, o planejamento é fundamental. Mesmo com o objetivo de fazer o bem, isso tem custo, e se não há boa gestão, perde-se o controle. Faz-se, então, necessária a captação de recursos, que pode ser em dinheiro, serviços, parcerias, voluntariados e outros.

4 – É consciente de seu propósito e entende se há público para o que está sendo oferecido. Nesse caso, não deve se envolver emocionalmente, pois muitas vezes se oferecem o que as pessoas não aceitarão. Também ocorre muita desistência, pelo menos 50% das pessoas que procuram nossa instituição, desistiram das atividades antes mesmo de alcançar a metade do tempo estipulado.

Por outro lado, é gratificante saber das mudanças causadas em algumas pessoas. Como conseguir emprego após nossos cursos, continuar a carreira de músico após nossas aulas de instrumentos clássicos, ou novas perspectivas, após contato com *coaching* e palestras.

### Os iguais se atraem

Contrariando a lei da física, mais precisamente a Lei de Coulomb, posso dizer que os iguais se atraem. Acredito que tudo se concretizou bem mais facilmente em nossa instituição em função da fé existente entre os membros daquela comunidade religiosa e o desejo de ver o desenvolvimento entre eles.

Sempre estive presente com padre Luis desde seu início em Suzano. Creio que aprendemos muito um com o outro. Intimamente eu desejava ser mais expressiva, mas o medo da exposição me deixava reservada. E ele me ajudou a superá-lo.

Envolvida com ação social, tive autoconsciência de que sou empreendedora após o Primeiro Congresso de Vendas e

Empreendedorismo do Alto Tietê, quando o empresário Geraldo Rufino falou que devemos conversar conosco aos sete anos porque provavelmente de lá surgem algumas respostas as quais fazemos no decorrer da vida. Resolvi fazer esse exercício para entender meu bloqueio com vendas.

Nessa autoanálise, percebi características passadas iguais as atuais. Como solidariedade, criatividade, negociação e empreendedorismo.

Aos oito anos, descobri que meus pais eram artesãos. Encantada pelos objetos que faziam em barro, passei a fazê-los em miniatura como brinquedos. Pois eu era boa em aprender vendo como se faz. Meu objetivo era vender minhas peças e comprar uns tamanquinhos.

Eu não conhecia dinheiro e não sabia vender, então meus pais o fizeram e usaram o recurso como complemento das despesas de casa. Sem os tamanquinhos me desmotivei, principalmente porque essa atividade passou a ser obrigatória para ajudar em casa. Eu não entendia que isso me fortalecia para a vida adulta.

Aprendi com meus pais a desenvolver relacionamentos. Às vezes ganhava moedas, guardava-as, e sem eles saberem aos nove anos comprei um vestido. Meus pais ficaram admirados com minha atitude. Fiquei a pensar se eu, com apenas alguns trocados, consegui tal feito, poderia fazer mais se tivesse um emprego. Pensava que certamente faria muito mais.

Juntei tocos de árvores que foram utilizados para queimar as cerâmicas e os tijolos que produzimos para construir nossa casa, e me sentia feliz. Mas quando era forçada a fazer algo, não realizava bem. Foi assim com a venda de cocadas que minha mãe impulsionou de forma ameaçadora e não funcionou.

Ela era uma pessoa muito forte e interessante. Em sua mente não existiam obstáculos. Quando queria algo, conseguia. Havia em seus ensinamentos que não deveríamos tirar nada de ninguém. Desde que honesto, qualquer trabalho é digno. Ela adorava trabalhar, e foi assim até o fim de sua vida. Literalmente morreu trabalhando. Ela era gari em São Paulo quando fatalmente foi atropelada aos 53 anos.

Acredito que eram o casal perfeito para ser nossos pais. Com eles fomos muito felizes, também apanhamos quando aprontamos e aprendemos muito. Principalmente a respeitar o próximo e a natureza. Meu pai era muito sábio. Conhecia os sinais dela.

Em toda atividade que fazia, ele falava que tinha de dar o tempo de descanso para a natureza se regenerar. Por isso, não podia usufruir em excesso. Ele amava trabalhar com a terra e falava que queria morrer trabalhando, só assim se sentia vivo. E seu desejo foi atendido, ele enfartou aos 67 anos em cima de um pote que estava produzindo.

Aos quatorze anos, consegui o primeiro emprego numa oficina de costura e desejei ter uma confecção. Saí de casa aos dezoito e trabalhei mais três anos nessa área, depois mudei para indústria química após fazer Técnico e posteriormente Engenharia Química. Realizei o sonho de infância em "ser cientista".

Daí saiu boa parte do que sou hoje. Lamentei por meus pais não terem visto meus momentos de sucesso. Fui a única de seus quatro filhos a concluir os estudos.

Aos quarenta anos de idade, decidi produzir cosméticos. Mas antes, montei uma distribuidora de marca própria para adquirir experiência com vendas. Fechei a empresa dois anos depois. Decepcionada por não ter dado certo como empreendedora, decidi cursar pós-graduação.

Creio que não fui tão corajosa com meu negócio e adotei o vitimismo. Desisti de trabalhar e os sonhos estagnaram. Já tinha conseguido mais do que planejei quando saí da casa dos pais e não tracei novas metas. Consequentemente estava em depressão, é como diz a música de Raul Seixas em parceria com Paulo Coelho e Marcelo Motta – "não pense que a cabeça aguenta se você parar...".

Surgiu a necessidade de autoconhecimento. Foquei em autoanálise, terapia e espiritualidade até conhecer as técnicas de *coaching*, PNL e demais ferramentas que contribuíram para o autodesenvolvimento. Em paralelo, fazia os trabalhos voluntários. Vendo-me escassa de recursos e ferramentas, usei do próprio projeto para aumentar meus conhecimentos, inclusive de vendas.

Por toda vida me recusei ser vendedora porque queria ser diferente dos meus pais. Ter optado por emprego fazia-me diferente deles. Mas descobri que eles estão muito mais em mim do que eu imaginava, e que a educação que me deram foi o que me fez ser quem eu sou. É provável que se tivessem sido diferentes, eu teria me acomodado. O que vivi a contragosto foi a energia que me movimentou para a mudança. Sou muito grata por tudo. E agora mais ainda por entender os pontos que me bloqueavam, como também o vazio que sentia e só vi preenchido quando me envolvi com o projeto social. Pensei que fosse porque estava fazendo o bem ao próximo. No entanto, me dei conta que é porque sou empreendedora.

Muito aprendi com padre Luis, argentino, reservado, nascido numa família modesta, com infância e adolescência semelhante à minha. Trabalhou em algumas empresas, como vinícola, iniciou formação em Engenharia Eletrônica. E abandonou tudo para ser sacerdote após participar de um retiro espiritual. Ao se formar, desejou missionar na Rússia e foi orientado por seus superiores a seguir para o Brasil.

Obediente e disciplinado, em terras estranhas e falando pouquíssimas palavras em português, teve acesso a diversas carências presentes nos subúrbios de nossas cidades. Sua missão foi bastante produtiva. Fez amizades, influenciou grupos de jovens e participou ativamente da construção da igreja. Após seis anos foi estudar em Roma.

De volta ao Brasil, optou por trabalhar em áreas carentes, e escolheu Suzano. Reduzindo custos, sanou as dívidas da paróquia. Incentivou a participação de todos os membros da igreja na colaboração com dinheiro ou mão de obra. Construiu a matriz e a casa paroquial. Em pouco mais de seis anos tinha conquistado o objetivo.

Oito anos após sua chegada, se concretizou a fundação do tão sonhado projeto social para atender a população com diversas atividades para crianças, jovens e adultos.

Essa é a nossa essência. Espero que este capítulo tenha colaborado com você.

## Referências

OROSCO, D. *Nos apaixonamos sem rima e sem razão.* Disponível em: <http://g1.globo.com/noticias/musica/0,,mul1276508-7085,00-os+apaixonamos+sem+rima+e+sem+razao+conta+exmulher+de+raul+seixas.html?fbclid=iwar0bkj3cw46-6pjfwt9wwycaulubzwkl0btae9n7o3cfj0uptnqlwobk-tk>. Acesso em: 19 de nov. de 2019.

SAID, C. *Polos opostos se atraem e os iguais se repelem???* Disponível em: <http://www.emdialogo.uff.br/content/polos-opostos-se-atraem-e-os-iguais-se-repelem>. Acesso em: 19 de nov. de 2019.

SEBRAE. *Tudo o que você precisa saber para criar uma associação de sucesso.* Disponível em: <http://www.sebrae.com.br/sites/PortalSebrae/artigos/roteiro-para-criar-uma-associacao,54fe438af1c92410VgnVCM100000b272010aRCRD>. Acesso em: 19 de nov. de 2019.

## Capítulo 7

## Como dar mais significado a sua vida

### Gustavo Lopes Lorca

Neste artigo, você terá contato com provocações que podem desafiar uma reflexão sobre sua visão de mundo e alguma forma de priorizar o mais importante, você. A nossa pequena participação na imensidão do universo deve ser percebida, porém a grandeza da nossa única existência deve ver valorizada. Valor que não tem preço, mas sim, consciência de que o melhor deve ser atingido com atitudes positivas.

## Gustavo Lopes Lorca

Natural de Mogi das Cruzes, engenheiro civil, MBA em Gerenciamento de Projetos. Pós-graduado em Administração de Empresas e graduado em Comunicação Social. Trabalhou em empresas de saneamento ambiental no Estado de São Paulo por 14 anos e em obras de engenharia em diversos estados brasileiros. Teve o privilégio de conhecer a EHumanas e seu curso de *Professional Coach* em 2018, a "famosa virada de chave". Pai de uma filha de 14 anos e um filho de sete anos, aplica a filosofia *coaching* nas empresas que presta serviços e também no ambiente familiar. Tem como atividades de lazer o ciclismo, a fotografia e a produção de cerveja artesanal pela marca 2 Well Handcraft Brewery, em Salesópolis, no Estado de São Paulo.

**Contato**
gustavolorca@hotmail.com

## Gustavo Lopes Lorca

Interessante pensar, imaginar tantas histórias a serem escritas a partir de apenas 23 letras do alfabeto e de tantas contas matemáticas a partir da combinação de apenas 10 números ou da infinita combinação binária de 0 e 1, as incontáveis músicas que embalam nossas vidas compostas a partir de apenas sete notas musicais.

Imagine então a infinidade de possibilidades em uma vida inteira.

Interessante pensar que, após milhares de anos de evolução humana e há entre os especialistas no assunto divergências a respeito do surgimento do *homo sapiens* entre 400 mil e 100mil de anos atrás, e isso é muito tempo, e com toda a evolução social e tecnológica da atualidade, seja agora urgente a necessidade de voltarmos nossa atenção ao ser, a pessoa mais importante na nossa própria existência, sem discussão filosófica ou egoísmo, apenas sendo prático e direto, VOCÊ.

A rotina das atividades diárias se tornou um amontoado de coisas a se fazer, um maremoto que consome vorazmente o sopro de tempo de uma vida inteira, suga tanto da energia que muitos de nós se esquecem do mais importante.

Viver com propósito.

O modelo de mundo que você acredita precisa urgentemente de uma reflexão. Seja esse modelo de mundo planejado com atenção aos seus valores e visão de vida, ou seja, um modelo embutido pela enxurrada de propagandas nas mais diversas mídias a cada dia mais predatórias que invariavelmente invadem nossas mentes com mensagens de poder, sucesso e felicidade por meio do consumo de bens.

E, no final desta jornada da vida, acontecerá mais dia menos dia, seja pela natureza da nossa condição genética ou por ocorrências além da nossa vontade. O projeto de vida tem início e fim e é no meio que podemos fazer valer a pena.

Ao final desse projeto, o sentimento que costumeiramente se ouve da pessoa em partida é infelizmente o de arrependimento. O ditado popular diz que as paredes dos hospitais ouvem confissões mais honestas que as paredes das igrejas.

## O poder do ser humano

O arrependimento não é necessariamente um sentimento ruim, mas demanda de atenção, mesmo porque não fazemos o que fazemos hoje acreditando que no fim da nossa existência vamos nos arrepender daquilo.

Agora começo a compartilhar com você um pouco da minha experiência.

Quando meu filho Arthur nasceu eu estava em um momento de ascensão profissional muito relevante. Essa ascensão profissional me trouxe oportunidades de crescimento e, claro, sempre me custava algo, para ganhar na vida profissional eu tinha que sacrificar alguma coisa na vida pessoal.

Quando meu filho completou seis meses, embarquei para um desafio profissional com grandes possibilidades de ganhos, porém eu estaria longe da família.

Aceitei e, com muita dedicação, superei os desafios, mas sempre realizando constantemente um forte exercício mental para seguir o plano profissional e voltar para casa apenas quando a missão estivesse cumprida.

Após alguns meses visitando a família por poucas horas no mês e a missão cumprida, voltei para o lar, porém o tempo que não convivi com meus pequenos foi pesado demais para todos e o arrependimento pela minha decisão aflorou com o desespero de não poder voltar no tempo. Arrependimento por não ter tentado outras opções para ser o provedor da família e ainda continuar em família. Mesmo após a análise de que aquela decisão teria um preço.

Esse arrependimento me tornou mais seletivo e me fez consciente de quem eu sou e o que eu desejo, isso eu não posso abrir mão, são meus valores.

Minha proposta para você que, sem dúvida, é alguém que quer viver a felicidade de uma vida plena, consciente e com propósito, é se conhecer, de fato, e se aceitar.

Saber o que se deve fazer é algo relativamente simples, não consome muito seu tempo e acredito que você já se conhece razoavelmente bem, porém o fato de aceitar que é preciso se transformar é outro patamar de conhecimento e maturidade.

Essa aceitação será decisiva no processo de viver com propósito. Será um processo contínuo que eu gosto de pensar ser igual aos movimentos da Terra ao redor do sol. Ou seja, estar alerta para colocar em prática novas formar de agir e pensar todos os dias.

## Viver de forma plena, consciente e com propósito

Proponho a você uma análise sincera, realista e abrangente do seu escopo para o projeto da sua vida.

Qual o significado da sua vida, qual a razão de lutar diariamente, de viver de fato e não simplesmente estar a passeio neste planeta, nosso único planeta flutuando entre milhões de outros corpos celestiais durante um breve espaço de tempo.

## Felicidade

A questão do estado de felicidade é algo intrigante, pois se é uma sensação, um estado de espírito, como podemos aceitar ser felizes o tempo todo? Como viver administrando esse sentimento entre desafios e supostas necessidades do nosso projeto de vida? Ser feliz atendendo a demandas que não são de nossa responsabilidade e não temos autonomia para mudar.

Portanto, é temporário, e relacionado a uma situação atual ou que remeta a alguma sensação vivenciada com prazer em outro momento, mas nunca a felicidade será uma sensação onipresente na sua vida.

Para alguns, é o que define a razão para viver, para outros é algo que se busca em alguma realização, algum objetivo, algum fato ou alguma compra.

Mais importante é saber o que oi deixa feliz, quais ações atendem as suas virtudes e seu senso de justiça? O que você realiza de forma independente que lhe deixa feliz?

Independência ou autossuficiência são pontos importantes no estado de felicidade. Não se pode atribuir nossa felicidade a realizações alheias, mas é totalmente normal ficar feliz por alguém ou por alguma coisa.

A felicidade é parte do nosso projeto de vida, mas para se aproveitar dessa emoção positiva temos que primeiramente saber o que queremos da vida, o que nos faz felizes é algo definido em nossa missão, visão e valores pessoais. Como nas empresas em que muitos passam a maior parte do tempo do projeto único de vida.

Conhecer-se e respeitar seus valores é a estratégia correta para ser uma pessoa bem-sucedida no aspecto felicidade.

## Corpo ativo e saudável

Algo fundamental ao bom andamento do seu projeto de vida é que o corpo esteja em ordem e pronto para funcionar plenamente a qualquer momento.

## O poder do ser humano

Podemos mudar de cidade, de casa, de trabalho, trocar muitas e muitas vezes de companhia ao longo da vida, mas, com certeza, você jamais poderá deixar você.

O corpo deve ser cuidado de maneira correta, a expectativa de vida do brasileiro hoje é de 76 anos e viver esse tempo com boa saúde, independente e lúcido, é fundamental.

Viver sem energia e com dores que o forcem a tomar remédios, viver sem qualidade de vida ou quem sabe até permanecer enfermo dependendo da atenção de terceiros para as funções fisiológicas.

Atividades físicas, alimentação saudável e atividades intelectuais constantes são o caminho para uma vida longa e próspera.

Disciplina é fundamental para atingirmos bons resultados em qualquer área de nossas vidas, orientação especializada e acompanhamento médico e profissional trarão bons retornos para a sua vida.

Eu sempre acreditei fielmente nessas orientações e busco conhecer novas modalidades esportivas e atividades de lazer. Tive duas experiências marcantes buscando atividades de lazer, acho que vai ser legal contar a você.

Quando minha filha nasceu, eu consumia quase todos os domingos para passear de moto com meus amigos, isso me fazia sentir adrenalina correndo nas veias de cada curva e era algo que eu julgava fundamental para manter a saúde mental e o contato com eles.

Mas, ficar o domingo todo fora de casa longe da família não estava mais parecendo uma alternativa saudável para mim, foi aí que eu pensei em mudar de atitude.

Morando em uma região cheia de represas e rios e próxima ao mar, pensei que a pescaria seria legal e ainda poderia ser algo em família, investi tempo e dinheiro em passeios e equipamentos de pesca.

Cada tentativa de levar a família para pesca eu percebia que criança e pescaria não combinam muito, sem falar que a mulher não é nada fã em ficar horas sentada à beira do lago esperando um peixe morder a isca. Assim, após alguns meses, a pescaria foi abandonada e minha consciência era a de me dedicar apenas à família nos horários livres aos domingos.

Mais uma vez, minha opção por uma atividade de lazer não estava de acordo com minhas crenças e valores e comecei a ficar frustrado, minha filha já estava crescendo, e outro filho chegando, e eu esquecendo de mim, ou negando me permitir ter lazer e prazer.

Esquecendo do mais importante, eu mesmo.

Já há algum tempo eu via nas estradas grupos de ciclistas pedalando com roupas coloridas e com um semblante de soberba, de quem sabe o que quer, faz o que quer na hora que quer. Nossa, como esses ciclistas são arrogantes, um monte de filhinhos de papai ricos sem preocupações e com tempo livre.

Eu jamais havia conversado com um deles e nunca pensei em andar na beira da estrada desviando de buracos e rezando para que nenhum carro me atropelasse.

Depois de muitos meses e com um sentimento de profunda e constante tristeza, me deparei com um desafio imenso, desistir de tudo ou tentar algo diferente, algo que não me custasse nada e logicamente não dependesse de ninguém para me levantar a autoestima e me resgatar.

Em casa, jogada no fundo do quintal, uma bicicleta, malcuidada e com os pneus mais murchos que meu ego. Pensei que tinha que ser naquela hora, tomar a atitude de pegar a bicicleta e fazer um passeio.

Peguei a bicicleta, dei um trato de dez minutos, coloquei uma blusa de lã e fui para a estrada pedalar sem a menor noção de onde ir ou como ia voltar se algo não desse certo. Perguntando o caminho aos transeuntes e ouvindo sempre coisas como:

— Tio é para lá que eles vão, mas toma cuidado! Você parece que não sabe pedalar.

Não ligava para a sinceridade das pessoas, eu estava preocupado era com minhas pernas, que doíam demais, e se teria fôlego para voltar para casa, estava sofrendo demais fisicamente, mas estava me permitindo a experiência de fazer algo que eu julgava ser coisa de gente soberba.

Ledo engano, ciclistas não são nada daquilo que eu julgava, ao menos a grande maioria, mas pessoas com os mesmos desafios de qualquer outra. O que percebi é que a forma deles encarrar a vida é muito positiva e sempre com alegria e visão de longo prazo.

Para os ciclistas, o treino exige atenção ao corpo, disciplina com alimentação, sono de qualidade e administrar o tempo. Realizamos as principais e mais importantes tarefas primeiro para poder ter três, duas ou ao menos uma hora livre no dia para pedalar.

No meu caso, a bicicleta hoje completa tudo o que eu precisava para viver plenamente atendendo meus valores. Eu consigo manter a mente positiva, com uma rotina saudável, e obter alto rendimento no trabalho visando ter recursos e tempo para aproveitar o melhor da vida.

## Autoconhecimento

Nossa busca pela felicidade é saudável e importante, e se você ainda está aí lendo é porque realmente estamos no caminho certo.

Qual é o sentido da sua vida agora?

Sugiro um teste para conhecer um pouco das suas características de perfil comportamental, pode ser o primeiro passo para começar a entender o porquê de você reagir de determinada maneira a determinadas situações, ou por que sempre faz as coisas de tal maneira.

É um indicador das suas principais características, mas não determinante. Um teste simples pode ser feito com o uso do seu telefone celular em aplicativos para teste de comportamento de personalidade DISC. O teste pode ajudá-lo, mas é fundamental procurar um profissional com todas as técnicas e propriedades para elaborar o seu perfil comportamental.

A sigla DISC vem do inglês, *Dominant, Influence, Stability, Conformity,* em português, Dominância, Influência, Estabilidade e Conformidade. Originado a partir de estudos do Dr. William Moulton Marston, desenvolvido para avaliação de comportamento das pessoas e compreender como o ser humano lida com o ambiente em que está inserido.

O resultado apresenta uma combinação de características de comportamento, dentro dos quatro comportamentos algum vai se destacar. Realizar este teste pode trazer um resultado que o surpreenda.

Mas, uma vez vou lhe contar uma particularidade minha.

Depois de viver por mais de quatro décadas buscando respostas para minhas decisões e minha forma de encarar a vida, foi com um teste desses que eu recebi um grande desafio.

O desafio de admitir que eu tenho comportamentos que remetem a um tipo de personalidade a qual eu simplesmente negava. Será que somente eu tinha essa distorção e assim desperdiçava energia nadando contra a correnteza? Será que outra pessoa também sofre por não se conhecer e respeitar suas características comportamentais? Acredito que eu não seja o único.

Pois bem, não existe um tipo de personalidade boa ou ruim todas têm traços de comportamento que devem ser desenvolvidos. É nesse ponto que eu acredito ser fundamental para se dar mais significado a sua vida, você se conhecer e se aceitar.

A questão principal é se conhecer, se respeitar e desenvolver suas habilidades.

Agora é com VOCÊ.

## Capítulo 8

### Existe vida após os 60 anos: a felicidade na longevidade

**Janinéri Cordeiro**

Neste capítulo, você encontrará conceitos relacionados ao envelhecimento e longevidade, bem como três passos fundamentais para ser feliz nessa fase maravilhosa da vida. Convido-o a mergulhar nesse universo maravilhoso da gerontologia de uma forma leve e prazerosa, afinal, ser idoso e feliz é um privilégio concedido a poucos. Seja muito bem-vindo(a).

## Janinéri Cordeiro

Enfermeira graduada pela Universidade Braz Cubas; mestre em Psicogerontologia pelo Instituto de Ensino e Pesquisa Educatie; pós-graduada em Gerenciamento de Serviços de Saúde e Auditoria em Saúde; *Professional & Leader Coach* pela Essências de Habilidade Humanas – EHumanas, instituto reconhecido pela World Coaching Council – WCC; docente na Universidade Braz Cubas no curso de bacharelado em Enfermagem. Coordenadora do curso de Auxiliar de Geriatria em Mogi das Cruzes/SP; ministra formações no Brasil e Portugal sobre saúde e gerontologia; proprietária da LuBra – Formações e Serviços sobre Longevidade e Saúde. Supervisora técnica na Cuidare - Cuidadores de Pessoas; palestrante internacional.

**Contatos**
janineri_cordeiro@yahoo.com.br
Facebook: @janinericordeiro
Instagram: @janinericordeiro
(11) 97092-5217

Janinéri Cordeiro

### Enfim, idoso

Primeiro de outubro de 2012, 8h35 da manhã, universidade, aula de Saúde do Idoso, curso de Bacharelado em Enfermagem. Vários alunos, uma professora e uma revelação bombástica até o fim da aula. A professora, culta e segura dos dizeres sobre senescência e senilidade, inicia sua aula dizendo: "Hoje nós vamos conhecer os processos senescentes característicos do envelhecimento, suas limitações e fisiologia dos mesmos". E então vem a pergunta – chave da vida de uma aluna: "Queridos, com quantos anos inicia-se o processo envelhecimento no organismo?". Após várias tentativas de resposta dos alunos, a professora responde: "30 anos".

"É com essa idade que nosso organismo começa o processo senescente", completou. Nunca uma frase calou tão fundo para a discente. O chão se abriu num minuto e se fechou no outro. Aquela aluna estava fazendo exatamente 30 anos aquele dia. Aquela aluna era eu! E, ironicamente, nasci no dia em que no Brasil é comemorado o "Dia do Idoso". Um sinal? Talvez.

O primeiro pensamento: "Já cuido e atendo idosos há tanto tempo, o que estou beneficiando-os do processo de envelhecimento?". Depois: "O que eu estou fazendo para me preparar para o meu envelhecimento?", refleti. Como num relance, chego à conclusão de que não estava fazendo absolutamente nada para os idosos e nem a mim. E a partir disso, a decisão de me dedicar à gerontologia ativa e à felicidade dos idosos se tornou minha missão. Ajudando e corroborando para com eles, me preparo para meu futuro envelhecido não tão distante.

E você, já parou para pensar como será e como estará quando for um idoso? E você, idoso, imaginava-se como é hoje? Quero lhes confortar dizendo que se as respostas foram "não", hoje é o dia em que terá a oportunidade de mudar.

### Envelhecimento ativo

A velhice não é uma reta terminal, onde a única preocupação é fazer um testamento, comprar um jazigo e esperar de forma inservível seu triste fim. Envelhecer é uma conquista. Antigamente, as pessoas não passavam dos 50 anos. Hoje, uma grande parcela da população tem alcançado 75 ou 80 anos, segundo o que relata a Organização Mundial da Saúde (OMS, 2016).

Tenho dito em minhas palestras para jovens e idosos que, para ser ativo, tem que única e simplesmente AGIR. A ação nos leva a uma reação, sempre. Ver a vida passar pacificamente não mudará nossa condição atual, jamais. Quer mudança? Seja a mudança! Quer uma vida mais saudável e com qualidade? Mude seus hábitos! Quer ter paz? Persiga-a! Quer ser feliz? Promova-a.

Para que a conquista da velhice ativa possa ser aproveitada, as pessoas têm que começar a se cuidar precocemente. Não adianta chegar aos 70 anos e pensar "bom, agora eu vou me cuidar", o quanto antes iniciar, melhor será.

A palavra "ativo" refere-se à participação contínua nas questões sociais, econômicas, culturais, espirituais, civis e não somente à capacidade de estar fisicamente ativo ou de fazer parte da força de trabalho. Essa visão quebra o paradigma de que o idoso que não realiza mais uma atividade produtiva remunerada ou que apresenta alguma limitação física não é mais capaz de desempenhar um papel de participação ativa na sua comunidade, seu domicílio e na sociedade de forma geral (DAWALIBI, GOULART e PREARO, 2014).

O objetivo do envelhecimento ativo é aumentar a expectativa de vida saudável para todas as pessoas que estão envelhecendo, inclusive as que são frágeis, fisicamente incapacitadas e que requerem cuidados.

Por isso, a OMS preconiza que, em um projeto de envelhecimento ativo, as políticas e programas que promovem saúde mental e relações sociais são tão importantes quanto aquelas que melhoram as condições físicas de saúde. Além de ser ativo fisicamente, o idoso precisa ser ativo cognitivamente e, nesse caso, envolve a memória. O segredo é, além da genética, atividades físicas, mentais e intelectuais. Ler, receber e reter novas informações e estímulos ajudam a manter a mente sã (FREITAS et al., 2011).

A pessoa idosa não pode se acomodar. Muitas vezes, a própria família começa a fazer as tarefas que o idoso deveria executar, no intuito de ajudar, porém, faz com que ele se torne cada vez mais dependente e se sinta inservível. Uma boa meta é manter-se no controle de suas decisões, ter autonomia. E, ao encontrar alguma dificuldade, pedir ajuda para superá-la (CORDEIRO, 2018).

## Existe vida após os 60 anos

O novo idoso não é apenas uma nova força consumidora, é também capaz de ter projetos, de refletir sobre seu momento e extrair o máximo de satisfação disso. Por que não planejar uma viagem? Organizar um encontro romântico? Escrever um blog, cultivar amigos nas redes sociais?

Costumo dizer que já reli incontáveis vezes o Estatuto do Idoso Brasileiro e não encontrei nenhum artigo que esteja escrito: "A partir dos 60 anos nenhum idoso poderá mais sonhar, realizar objetivos, ser feliz, ser dono de seus atos" (claro, se estiver lúcido e consciente desses atos). Você, leitor, já leu ou ouviu tal afirmação? Acredito que não, portanto, idoso pode sonhar e realizar sim!

O envelhecimento convoca a um balanço de experiências infindáveis: a transformação do corpo, a espiritualidade, o senso de realização, a autodescoberta. Portanto, eu lhe convido a conhecer três passos infalíveis para se ter uma longevidade feliz. Acompanhe a seguir.

### 1 - Valorização do conhecimento e experiência de vida

Atualmente, as relações intergeracionais estão fragilizadas. Valores como respeito e amor estão deturpados e muitas vezes interferem no tratamento entre os membros das famílias que têm idades diferentes. Você já ouviu algo do tipo: "Meu avô não sabe de nada, aquele velho! Quer que eu ensine a mexer no W*hatsApp*, para quê?". A tecnologia faz parte do cotidiano, então nada mais justo que os idosos possam aprender e interagir pelas redes sociais. Ouço relatos de idosos que por meio das redes descobriram que podem visitar países, falar com parentes distantes, estudar e desfrutar de outros benefícios sem sair de suas casas. Eles ficam fascinados e quando os filhos e netos se disponibilizam a ensinar esses idosos a manipular seus *tablets*, *smartphones* e computadores, proporcionam alegria e momento de interação com seus pais e avós. É cientificamente comprovado que um idoso consegue aprender novos conceitos, desde que tenha suas funções cognitivas preservadas.

Por outro lado, muitas vezes o idoso verbaliza: "Esses jovens não têm a experiência que eu tenho, não darei ouvidos a eles...". Por entender que suas experiências e seus modelos de mundo são suficientes para mantê-lo bem, se nega a aprender coisas ou situações com os jovens, depreciando a habilidade que pessoas com menos experiências que ele possuem. Cabe ao idoso e ao jovem ampliarem suas percepções quanto a essa troca de experiências e encontrarem o ponto de equilíbrio nessa relação.

## 2 - Viver o presente, planejar o futuro e realizar sonhos com metas e prazos

Qual o seu maior sonho? Quais recursos você tem para realizá-lo? Guardou-o dentro das profundas gavetas? O que leva você a crer que é possível ou impossível alcançá-lo?

Dona Margarida, 76 anos. Um belo dia de terça-feira chegou até mim com brilhos nos olhos e disse: "Enfermeira Jani, vou realizar um sonho antigo meu!". Perguntei: "Qual?". Ela não hesitou em falar: "Domingo eu vou saltar de paraquedas! Desde os meus 14 anos tenho essa vontade, agora decidi realizá-la!". Meu pensamento, inicialmente, limitante, me fez ter a reação de susto, porém, com semblante pleno, verbalizei: "Uau, dona Margarida, seu cardiologista já a liberou para esse desafio?". Ela, para minha surpresa, sacou imediatamente de sua bolsa o laudo médico a liberando para o feito desafiador. Embarquei em seu sonho e disse: "Mas por que a senhora demorou tanto para saltar, dona Margarida?". Ela me contou que primeiramente não tinha condições financeiras, depois vieram os filhos e não priorizou mais realizar esse sonho, para realizar o dos filhos e, por fim, estes não a deixavam saltar. Mas ela os convenceu e, depois de tantas tentativas, eles iriam levá-la para o salto. No fim da conversa, pedi para que retornasse e contasse como foi o salto. Ela retornou na semana seguinte, emocionada, contando sobre como deixou tanto tempo passar para saltar e que já iria se programar para ir novamente, pois amou passar pela experiência.

É disso que estou falando... Quanto tempo passamos negociando nossos desejos? Quantas vezes desacreditamos ser possível alcançar uma meta desafiadora? Envelhecemos com experiências, mas se nos dispuséssemos realmente a experimentar a sensação de arriscar a fazer nossas vontades, seríamos pessoas mais completas, e idade pouco importa, você no fundo já deve saber disso. Cabe aqui uma reflexão profunda sobre o que você pode fazer com o tempo que tem de vida para tirar da gaveta empoeirada seus objetivos, e o convido a fazer uma lista de sonhos. Comece pelos mais fáceis e tangíveis de serem feitos e vá aumentando a intensidade, desafie-se, alcance resultados. Aproveite os momentos do caminho que percorrerá. Felicidade também é isso!

*"Não existe um caminho para a felicidade.*
*A felicidade é o caminho."*
Mahatma Gandhi

### 3 - Cuidar da saúde e preservar a autonomia

Autonomia, segundo o dicionário, significa "a capacidade de governar- se pelos próprios meios". A tendência quando o ser humano envelhece é perder gradativamente a autonomia. Os idosos - uma boa parcela deles - que perdem sua autonomia estão cognitivamente preservados, lúcidos, cheios de vida e simplesmente perdem seus espaços. Pense: 'Gostaria que alguém controlasse você? Gostaria que alguém limitasse seus atos, desejos e vontades? Se a reposta for não, então provavelmente entende a sensação que o idoso tem ao se deparar com essa situação. Se você já a vive, por que permite que isso aconteça?

Muitas vezes, quando indago idosos sobre esses porquês, as respostas quase sempre se norteiam pelo medo da rejeição. Se sentem bastante inservíveis, mas não assumem esse incômodo pelo fato de terem medo de serem deixados sozinhos e, muitas vezes, assumem sofrer violência psicológica.

Idosos, assumam suas limitações. Se por muitas vezes já sentiram que não conseguem mais suportar realizar as atividades sozinhos, permitam-se ser ajudados. Família: cedam espaço aos idosos, eles são seres humanos com necessidades básicas que devem ser supridas. Se não há interferência física ou psicológica, deixe-os viver.

No quesito saúde prepare-se financeiramente. A recomendação é que você comece a poupar para a aposentadoria aos 25 anos. Independência financeira é essencial para uma velhice tranquila. Ninguém fica velho porque completou uma certa idade, as pessoas ficam velhas por abandonarem seus ideais, seus sonhos, suas diversões, seus amigos, esquecem de ligar para fazerem algo juntos, ou dar boas risadas.

Preocupação, falta de sonhos, de exercícios, de amigos, alimentação inadequada, tristeza, problemas financeiros, isso sim envelhece a mente. Somos tão jovens quanto a nossa esperança, tão velhos quanto nossos medos que nos limitam. A busca pelo "elixir da longa vida" causa dependência. Torna-se um vício que contribui para acelerar o processo normal da velhice. O ser humano jamais se conformou com a velhice e a morte. O medo da velhice é o fator mais poderoso do envelhecimento (FREITAS, et. al, 2011).

Para aceitar a velhice, primeiro temos que ter percepção da realidade, desbloqueando os traumas, medos, culpa, estresse, que geram os conflitos internos. Ocupar a mente, com coisas saudáveis, participar de atividades que resultem em prazer. Autoestima é fundamental. As pessoas, quando se sentem fortes, são capazes de superar tudo (DIAS, 2010).

Os tempos mudaram, hoje, as pessoas de cinquenta anos ou mais, são ativas, inteligentes, criativas e experientes. Possuem melhor qualidade de vida e bem-estar, mais opções de atividades que ajudam a dar significado à vida. Mesmo a ciência tendo desenvolvido muitas tecnologias capazes de prolongar a vida, ela não poderá manter o corpo para sempre. "Envelhecer faz parte".

Estou me preparando psicologicamente para a velhice, absorvendo a ideia aos poucos. Enquanto isso, busco a preparação também física, financeira, familiar e emocional, afinal, envelhecemos a cada segundo, e a cada novo segundo é uma nova chance de aceitação dessa condição e vivência. A melhor idade é a de hoje, pois esta pode ser transformada, sim, na melhor!

**Referências**

CORDEIRO, J. F. T. *Impacto da prática de hidroginástica na redução da hipertensão arterial sistêmica em idosas*. Mogi das Cruzes, 2018.

DAWALIBI, N. W; GOULART, R. M. M.; PREARO, L. C. *Fatores relacionados à qualidade de vida de idosos em programas para a terceira idade*. Ciênc. saúde coletiva, v. 19, n. 8, p. 3505-3512, ago. Rio de Janeiro, 2014.

DIAS, M. S. *Estimulação cognitiva conjugada com exercícios físicos em idosas ativas: examinando uma proposta de intervenção*. Brasília, 2010.

FREITAS, E.V.; PY, L.; NERI, A. L.; CANÇADO, F. A. X.C.; GORZONI, M.L.; DOLL, J. *Tratado de Geriatria e Gerontologia*. 3. ed. Grupo Editorial Nacional (GEN), 2011.

## Capítulo 9

### Caridade: o dom de amar por meio do propósito de ajudar

Joyce Vieira Martins dos Santos

Todos temos a capacidade de amar. E uma linda forma de se praticar o amor é nos permitindo acolher. Porque, até para acolher o outro, é preciso ter se amado e se acolhido primeiro.

"Dê ao mundo o melhor de você. Mas isso pode não ser o bastante. Dê o melhor de você assim mesmo. Veja você que, no final das contas, é tudo entre VOCÊ e DEUS. Nunca foi entre você e os outros."

Madre Teresa De Calcutá

## Joyce Vieira Martins dos Santos

Mestre em Engenharia Biomédica formada na UMC (2014); Mestre em Taekwondo, Faixa Preta 5º Dan – LNT; Pós-Graduada em Gestão Esportiva pelo CUC (2011). Pós em Capacitação em Educação Especial pela UMC (2010). Graduação em Educação Física - Bacharelado pela UMC (2010), Graduação em Educação Física - Licenciatura Plena pela UMC (2009) e Graduação em Gestão de Turismo e Hotelaria pela UMC (2002). Atualmente é coordenadora e professora no ensino superior - FCNM. Mestre de Taekwondo e Defesa Pessoal. Diretora da Equipe Joyce Taekwondo e Para-Taekwondo de Mogi das Cruzes e Biritiba Mirim. É pesquisadora e colaboradora em Lutas, Didática e Educação especial pela FCNM. Palestrante e facilitadora em eventos, cursos e congressos na área comportamental, cultura corporal de movimento, lutas e *coach* esportiva.

**Contatos**
joycevmartins@gmail.com / joycevm@ig.com.br
(11) 97461-4356

A vida sempre nos levará para caminhos que nos alertem sobre o que faz valer a pena o seu existir. Os sinais são dados todos os dias pelo universo, as palavras são direcionadas aos seus ouvidos, as cenas ocorrem bem na sua frente e fazem com que você experimente a ação. Mas se estiver distraído com o dia a dia, não conseguirá fazer o sentir valer a pena no seu processo de evolução. Se você conseguir parar para refletir e sentir o que a vida já mostrou, falou, tocou, verá que, em muitos momentos, o seu propósito já foi manifestado. Talvez você não queira realmente se conectar com sua verdade, e faz valer viver na fantasia criada por si mesmo para fugir do seu talento natural, afastando do seu caminhar o contato direto com seu dom.

Verá que sua missão de vida proporcionará uma evolução constante, mas deverá ter humildade para colocar sua vaidade e ego em plano secundário, e isso geralmente costuma ser um exercício difícil, mas, se exercitado constantemente, muito em breve fluirá naturalmente. Pode acontecer de sentir dor física para que não sinta a dor do espírito. O seu ter muitas vezes jogará na sua cara, pois estará dando a ele o que ele nunca daria a você. E ainda sussurrará nos seus ouvidos, nunca terá a gratidão dele. Mas você sabe que todas essas palavras se conectam às suas fraquezas, você não precisa da gratidão, nem do reconhecimento das pessoas, quando atuamos por meio do dom, do propósito e com seu talento natural. E tenha cuidado, porque nossa tendência é nos esconder da verdade que nos toca. Vou dividir uma pequena história de como olhar para o dom que pulsa dentro de cada um de nós. Mas só continue a leitura se estiver buscando evoluir com o poder que foi lhe dado como um ser humano que é.

Aos oito anos de idade, tive uma experiência de amor ao próximo junto a minha avó, fomos à feira e, antes de sair da casa dela, ela me deu cinco reais e falou que com aquele dinheiro eu poderia comprar um doce ou um pastel, eu agradeci e fui toda feliz segurando o dinheiro na mão. Ao chegarmos, minha avó comprou alguns legumes e frutas e, num certo momento, vi um menino pegando umas folhas de acelgas e repolhos do chão, olhei aquela cena e perguntei a minha avó por que ele pegava o que havia sido jogado fora. Minha avó respondeu, porque ele não tinha dinheiro para comprar.

## O poder do ser humano

Naquele momento, tive o meu primeiro contato inconsciente com meu propósito de vida. Soltei a mão da minha avó e fui até o menino, e disse para ele: "Deus preparou esta porção para você". Estendi a minha mão e dei o dinheiro ao garoto, que me olhou meio espantado e me falou obrigada. Voltei a dar a mão para minha avó e ela com um sorriso no rosto e com os olhos brilhantes, me disse: "Que lindo gesto, mas você sabe que não poderá comprar mais os doces, não é?". Falei de pronto a ela que a necessidade dele era maior que a minha. Minha avó respondeu: "E sua porção também é maior".

Ao chegarmos na casa de minha avó, ela me pediu: "Sente-se aqui, preciso lhe falar uma coisa". Eu sentei, e ela me disse: "Entenda uma coisa, você tem um dom lindo chamado caridade, sempre que sentir no coração que quer fazer algo por alguém, faça sem hesitar, porque não podemos renegar nossos dons, e sabe qual é a forma mais linda de amar o próximo?". Eu respondi: "Ajudando-o, vó". E ela me disse: "Não, dando amor por meio de atitudes que supram uma necessidade". Fiquei feliz com o abraço que recebi da minha avó, sentia uma enorme felicidade, mas não tinha noção efetivamente clara do que minha avó tinha visto em mim. Minha avó tinha estudado somente até a quarta série primária, sabia ler, mas não tinha grande estudo, porém, sabia sentir o amor e os dons nas almas das pessoas.

Augusto Cury nos traz abaixo uma reflexão sobre o amor, que nos faz entender o sentir que a vida nos apresenta. Ele descreve que:

*"O amor não é um produto acabado. O amor se cultiva, o amor se lapida, o amor se estimula. O amor morre, mesmo sendo real. E ainda renasce, mesmo estando morto. O amor não é genético, não se nasce sabendo amar, você aprende a amar."*

Segui minha vida sempre pensando em ser comissária de bordo, minha primeira formação foi em Gestão de Turismo e Hotelaria, mas odiei trabalhar nessa área, foi quando meu propósito pulsou forte novamente dentro de mim e me levou a ser professora de Taekwondo e me guiou na formação acadêmica dentro da Educação Física. Fui conduzida a iniciar meus aprimoramentos dentro dos projetos sociais da universidade, nos quais em um eu aplicava as aulas de Taekwondo para crianças de quatro a 16 anos em três turmas separadas, e no outro projeto, passei a entrar em contato com o poder de transformar por meio do ser. Eu era auxiliar da professora responsável pelo projeto que tinha o objetivo de trabalhar e desenvolver as crianças e pessoas autistas por meio de atividades recreativas e lúdicas dentro da água. Foi naquele laboratório que tive o prazer de aprender a valorizar a vida, aliás, aprendi de verdade a abraçar e fazer a troca de carinho com aqueles fantásticos instrumentos de Deus e da vida. Especializei-me em Capacitação em Educação Especial e, em seguida, vi a necessidade de fazer Gestão Esportiva.

Quando dei por mim, estava envolvida pela energia que me guia, atuava como professora em dois projetos sociais, utilizando a ferramenta Taekwondo para desenvolver potencialidades e reforçar os valores educacionais em crianças e jovens adolescentes, tinha sido convidada a ministrar aulas em uma faculdade, que me motivou a continuar estudando, e assim me formei mestre em Engenharia Biomédica. Tive a oportunidade de me formar mestre em Taekwondo, e ter o desafio de ser secretária de esportes de uma cidade pequena e cheia de desafios. Cheguei muitas vezes a me perguntar por que aceitei estar ali como secretária, mais uma vez meu dom falou mais alto, e muito foi feito no resgate do ser e na valorização do mesmo por meio do esporte e do paradesporto.

Até então, eu só achava que era minha profissão ser professora, treinadora e gestora. Mas eu me perguntava: o que realmente quero como propósito de vida? Qual o meu verdadeiro talento natural?

Mais uma vez, Deus me criou a oportunidade de entrar em contato com meu dom e propósito, na faculdade comecei a ouvir muito falar sobre *coaching*, e pensei: mais um rótulo para vender. Mas algo criou uma inquietação dentro de mim, e acordei um dia com muita vontade de saber o que tanto era ser *coach*, comecei a pesquisar, resolvi fazer o curso e quebrar esse preconceito.

Tomei a decisão de fazer o curso de formação *Professional Coach* e, logo no início, o meu dom começou a se apresentar, foi aplicada uma dinâmica que tínhamos que nos apresentar uns aos outros, utilizando uma única palavra, pensei... e veio a vontade de me apresentar como caridade, num instante pensei que não seria bom e ninguém iria entender, mas algo pulsava dentro de mim falando caridade, então tomei a decisão de me apresentar como caridade. Confesso que me senti muito bem ao me apresentar dessa forma. Durante a ferramenta Rota de Ação, fui convidada a fazer uma interação, e mais uma confirmação, foi na definição do objetivo e na fantástica experiência de visualização.

A partir desse momento, estava tudo muito claro sobre a confirmação do meu dom, foi incrível, tive muitas descobertas e aprendizados, entrei profundamente em contato com meu dom e propósito de vida, foi aí que passei a ter certeza e consciência do meu despertar para a forma de amar o meu semelhante.

Após o término do curso, tive um bombardeio de ideias, as indagações me acompanhavam todos os dias e várias vezes no mesmo dia. Será mesmo que eu estava atuando como líder dentro do meu propósito de vida? O que eu realmente poderia fazer pelas pessoas e por mim? As minhas contribuições sociais estavam ativas e participativas? Será que eu realmente estava acolhendo as pessoas que precisavam da minha mão? Você consegue doar desde um forte e verdadeiro abraço, palavras que levantam, até uma contribuição material?

E em meio as minhas reflexões, ficavam os questionamentos, você demonstra amor pelas pessoas por meio da caridade? E eu pensava, sim, gosto de ajudar as pessoas. E o que eu mais sei fazer para ajudar a mim mesma e o outro? Descobri que é potencializar a arte de se conectar pela caridade, manifestando amor em atitudes que suprem a necessidade do outro, com um chamado e com conexão energética que nos liga em grande distância ou sem nunca ter nos encontrado antes.

Todos temos um dom, mas precisamos reconhecer, aceitar e desenvolver para utilizarmos em nosso caminhar. E, assim, começo a ir ao encontro do poder do ser humano, o poder de amar.

Estamos nos acostumando a ouvir as seguintes perguntas:

- O que você gostaria de conquistar?
- O que você tem que fazer para ser bem-sucedido?
- Quais são seus objetivos?
- Quais metas quer alcançar?
- Aonde você deseja chegar?
- Quão disposto você está para correr atrás do que deseja ter?
- O que você tem que fazer para ser rico?
- Quanto você gostaria que sua empresa faturasse no ano?
- Você já comprou a casa dos seus sonhos?
- Qual carro deixaria você feliz?
- O que você deveria comprar para preencher o vazio dentro de você?
- Qual a viajem dos sonhos que você quer comprar?

Poderíamos fazer inúmeras perguntas para despertar sua vontade momentânea de substituir o espaço oco dentro de você.

Mas não estamos falando do poder em ter as coisas tangíveis e materiais e, sim, em promover a reflexão sobre o poder que o ser humano tem quando descobre e consegue viver sua essência.

Primeiro tenho que me conectar com o meu dom, com minha missão e propósito, pois só depois desse mergulho você fará o melhor pelo outro. Você já sentiu que precisa fazer algo maior? Você já começou a fazer um curso e, por muitas vezes, pensou: "Não consigo entender nada, não vou usar isso para nada". Será que você não está onde está só para fazer a vontade do ter? As várias experiências que passou em sua vida por algum momento tocaram você? Sinta o seu dom.

Talvez precisemos primeiro nos conectar com a energia grandiosa que pulsa dentro, para só depois nos elevarmos ao que seria esse algo maior que temos que fazer.

> "Se você quer transformar o mundo, experimente primeiro promover o seu aperfeiçoamento pessoal e realizar inovações no seu próprio interior."
> Dalai Lama

Proponho que faça uma pausa e reflita sobre o seu propósito de vida, fale com sua essência e descobrir qual poder lhe foi dado. Busque sentir sua respiração, algumas pessoas necessitam estar sozinhas, outras em contato com a natureza. Não é a forma como se conecta que fará a diferença, mas sim a sincronia que faz você vibrar na verdade do sentimento.

Respire fundo e olhe nos seus olhos, experimente entrar em contato com seu dom, estenda a mão para seu propósito de vida e o retire do lugar profundo onde o colocou. Faça questionamentos e reflita sobre. Seguem abaixo algumas sugestões de perguntas que o levarão a se conectar com o seu propósito:

- Quais atitudes você já teve que o deixaram feliz?
- Qual foi a sensação mais prazerosa que você teve ao conectar sua ação com o outro?
- Quando você era criança, o que falavam sobre suas atitudes positivas?
- O que você sente quando ocorre uma conexão verdadeira com alguém que nunca viu?
- Quais palavras diz a si para sair do vazio que mora dentro de você?

## O poder do ser humano

- Onde você consegue perceber que seu sentir está falando com você?
- Qual a sensação em desenvolver seu sentir?
- O que faz seu coração vibrar positivamente?
- Quando percebe que o amor está conduzindo você a fazer algo grandioso?
- Já sentiu que, ao fazer determinada coisa, sua alma brilha mais?
- Quais atitudes o deixam você em paz?
- Já sentiu que ao realizar determinadas ações sua alegria contagia?
- O que o atrai para acolher o outro?
- O que toca você e o faz parar?
- O que faz disparar um bombardeio de ideias em sua mente?
- O que o faz sair da zona de conforto e que dá prazer e alegria?

Poderíamos citar inúmeras perguntas, mas todas as indagações que o aproximarão do seu dom estão dentro de si, assim como as respostas. Em algum momento, já entrou em contato com seu dom, talvez já esteja vivendo seu propósito de vida, apenas não de forma consciente. Você precisa trazer para o consciente e se autodesenvolver.

Para algumas pessoas, amar o próximo é a pessoa que está a seu lado, que tem carinho e contato afetivo. Fazer o bem a ela é mais fácil. No entanto, para outras, amar o próximo significa ajudar a quem você nunca viu, aquele que se encontra em extrema necessidade, muitas vezes visível aos olhos de quem ama por meio da caridade, e outras, nem um pouco aparente.

O mais importante não está em ajudar quem está perto ou longe, mas sim amar da forma que o seu dom pulsar. Às vezes, um abraço despertará o seu dom e o ajudará na conexão entre o amor e o sentir, fazendo você ter ações que despertem o crescimento e fortaleçam o poder do ser humano.

Para fazer mais conexões, é preciso descobrir, aprimorar e aplicar o dom que o fortalece, o faz feliz e reflete positivamente na vida do outro e na sua.

Capítulo 10

Liderança, a grande descoberta!

Kelly Bichini

Aprendi a duras penas a importância de ser uma líder inspiradora e sei da longa jornada para aprender mais sobre esse tema. Quero, com esta incessante busca, bagagem suficiente para motivar e formar líderes. Conto aqui como saí do *status* de líder desesperada a uma pessoa confiante e equilibrada, capaz de buscar seus sonhos e viver os desafios com a certeza de que tudo é um eterno aprendizado.

## Kelly Bichini

Enfermeira. *Master Coach*, *Trainer* em liderança para profissionais da saúde. Analista comportamental, palestrante, consultora em saúde, Avaliadora da ONA e Qmentum. Formada como: Especialista em Preceptoria no SUS (IEP-Sírio Libanês), Especialista em Nefrologia (Unifesp), Especialista em formação para docentes em nível superior (Uninove), Especialista em Gerenciamento do cuidado de Enfermagem (Unifesp). Possui 28.000 horas como *trainer* e palestrante em diversas áreas. Fundadora da *Nurse Coach* – Consultoria, treinamentos, liderança e *Coaching*. Em contínua busca e aprendizado por liderança e qualidade, me realizo em contribuir com as instituições e os profissionais para a melhoria da assistência na saúde brasileira.

**Contatos**
nursecoach2018@gmail.com
Facebook: @nursecoach
Instagram: @nursecoach
(11) 97219-9998

## Kelly Bichini

De repente eu estava lá no tão sonhado cargo, aquele que eu idealizei desde os tempos da faculdade, aquele cargo que parecia tão distante da minha realidade... Gerente de enfermagem, sim, sou formada em Enfermagem, tenho muito orgulho da minha profissão, mas nunca me enxerguei literalmente ao lado do leito do paciente, eu sempre me imaginava nos bastidores, planejando estratégias para um cuidado centrado e seguro, capacitando os profissionais para prestar cuidado individualizado e ter amor à profissão, assim como eu tenho. Já tinha tido experiências na assistência como enfermeira em hemodiálise, situação em que já senti o quanto faz falta não ter uma formação em liderança na faculdade, porque a enfermeira já começa a trabalhar com uma equipe para liderar e muitas vezes não sabe nem por onde começar. Comecei a liderar por intuição e humildade e recebi muito carinho da minha equipe nessa fase, mas este cargo assistencial durou pouco porque logo eu descobri meu talento para gestão e em pouco tempo fui promovida para a Coordenação de Enfermagem de um serviço de Terapia Renal Substitutiva e Transplante Renal. Nessa época, tive minhas primeiras oportunidades em liderar uma grande equipe.

Mas foi numa unidade hospitalar de médio porte que grandes desafios verdadeiramente eu vivi, o pior dos mundos na minha carreira.

Apesar de estar ocupando o cargo dos meus sonhos, sim... eu não queria mais que aquilo, gerenciar a Assistência de Enfermagem era o que me realizava, e apesar disso, apesar de ser grata pela rica oportunidade, sentia que faltava algo em mim para lidar com todos os desafios que surgiam diariamente.

Inesperadamente, como um meteoro caído sobre mim, os conflitos organizacionais começaram a tomar mais forma, começaram a tirar meu sono, e me desestabilizar emocionalmente. Eu sentia minha liderança fragilizada, me sentia fraca perante tamanha conflagração.

Nessa fase, eu senti a amargura de uma liderança destrutiva.

## O poder do ser humano

> Não há como escapar. A toxicidade no ambiente de trabalho, geradora da dor emocional, é inevitável nas organizações. E líderes tóxicos também. Portanto, Liderança Tóxica é toda liderança capaz de gerar uma toxina que cause uma dor de qualquer tipo, seja ela física ou psicológica. (ASSAD, 2017)

"É nos momentos de decisão que o seu destino é traçado."
(Anthony Robbins)

Eu fui desafiada, humilhada, afrontada, desvalorizada, desmotivada por minha chefia imediata e sentia que meu castelo desmoronava, o tão sonhado cargo, os projetos, a vontade de fazer a diferença naquela instituição, de ver a transformação no cuidado de enfermagem, tudo ia escorrendo ralo abaixo.

Os sintomas começaram a aparecer, as crises de choro, a taquicardia (acordava no meio da noite com o coração acelerado parecendo que sairia pela boca), o mesmo acontecia ao encontrar minha líder.

A minha alma gritava, a angústia tomava conta de mim, apareceu a insônia (noites e noites sem dormir...), a falta de ar era constante e o medo me dominava, cheguei ao desespero e iniciava-se um quadro de Síndrome de Burnout *(A definição de 'Síndrome de Burnout' foi dada pelo psicanalista nova-iorquino Herbert J. Freudenberger, no início dos anos 70, como "distúrbio psíquico de caráter depressivo, precedido de esgotamento físico e mental intenso cuja causa está intimamente ligada à vida profissional", após constatá-la em si mesmo).*

E se a vida é feita de escolhas, e eu acredito nisso, na hora exata eu fiz uma escolha que mudou o meu destino. Decidi trocar aquele Congresso de Gerenciamento de Enfermagem no Nordeste por uma Formação em *Leader Coach*. E foi nessa fase que as cortinas da satisfação, da autorrealização e do autoconhecimento se abriram à minha frente, e tudo na minha vida passou a fazer sentido.

Nessa formação, eu pude me permitir, eu senti uma força tamanha que nunca imaginei ter, eu pude perdoar aqueles que me magoaram, eu mudei muitos hábitos pessoais e profissionais, eu ressignifiquei muitos acontecimentos, pude ter gratidão e, principalmente, eu tive a oportunidade de mudar a minha história.

E hoje posso dizer que eu sou grata a quem me colocou naquele estado de tristeza e desmotivação, pois foi nesse momento de dor que eu passei pela grande metamorfose.

Aos poucos aquela postura de líder insegura, descompensada emocionalmente, ferida e magoada se transformou.

A minha missão desde então foi estudar liderança, comportamentos humanos e entender mais de pessoas, para liderar com mais assertividade e não somente isso, mas passar adiante todo o conhecimento que eu tivesse para desenvolver novos líderes, torná-los profissionais cada vez mais empoderados e mais conscientes da importância de uma liderança justa e verdadeira na área de saúde.

Os experimentos foram feitos com minha própria equipe. Primeiro passo, traçar o perfil de cada coordenador e entender seus comportamentos estratégicos, e mostrar a cada profissional dentro do seu perfil quais seus pontos fortes e quais seriam os pontos a serem desenvolvidos.

Segundo passo, entender quais eram os maiores desafios de cada gestor, e espantosamente os maiores desafios eram pessoais, como a insegurança e o descontrole emocional e financeiro. Trabalhei individualmente cada desafio e presenciei a grande evolução daqueles gestores.

Entendi a importância de ouvir minha equipe e dar *feedbacks*, esse retorno é uma forma de valorização do trabalho e a forma como essa devolutiva é feita pode salvar ou destruir um profissional, por isso me dediquei a estudar sobre *feedback* assertivo e descobri haver uma gama imensa de estudos sobre esse tema, mas que é a prática que nos leva à perfeição.

*A missão de construir autoridade servindo aqueles pelos quais o líder é responsável poderia dar ao líder uma visão real da direção que ele – ou ela – vai tomar. E quando se tem esta visão a vida passa a ter um propósito e um significado.* (HUNTER, 2004).

E eu passei a me dedicar e servir aos meus gestores. As palestras na instituição eram frequentes, e os temas mais variados possíveis, como gestão do tempo, positividade, engajamento, amor ao próximo, entre outros. No final, sempre havia lágrimas de emoção, e eu comecei a entender o que é viver com propósito e missão. A minha missão era usar as minhas habilidades para motivar aqueles profissionais e os verem crescer naquela instituição.

Mas não posso deixar de mencionar que eu continuava passando por grandes desafios, mas a essa altura os ganhos eram tão grandes que eu já não me importava com as opiniões destrutivas, passei a respeitar todas as opiniões, mesmo as negativas, a meu respeito, mas as palavras agressivas já não mais influenciavam minha saúde mental e eu tinha total equilíbrio das minhas emoções. O meu comportamento pleno era tão evidente que cheguei a motivar outros líderes a cursarem a formação em *coaching*.

Relato isso porque quero destacar neste capítulo o quão importante é estarmos bem conosco, o autoconhecimento e a autoanálise nos levam à mudança de atitudes e nos empodera dentro de qualquer processo.

As pessoas são responsáveis pelos seus atos, e eu sou responsável pela forma como eu enxergo essas pessoas e suas atitudes. Cada um tem seus valores intrínsecos e inegociáveis, outros têm seus valores flexibilizados ou até corrompidos. E eu tenho aprendido ao longo desses anos a importância de não julgar tais atitudes. E de ressignificar essas críticas, por exemplo:

Se uma pessoa faz uma crítica a seu respeito, quais das opções abaixo você escolhe?

A. Levar para o lado pessoal, e ter raiva daquela pessoa, daquele líder, daquele colega de trabalho, daquele parceiro.

B. Simplesmente ignora aquela crítica, não faz nenhuma análise e simplesmente não muda em nada suas atitudes.

C. Faz uma análise reflexiva, encontra um ponto de melhoria, de evolução e tem um deslocamento, um crescimento, um amadurecimento baseado nessa crítica.

A escolha é sua, mesmo que a opinião tenha sido do outro, cabe a você fazer uso dessa crítica da melhor ou da pior maneira.

Eu concluo a cada dia que o mais desafiador é lidar com pessoas em todos os âmbitos de nossas vidas, num cargo de liderança ou não, sempre há a convivência com pessoas de diferentes valores, crenças, opiniões, perfis e conhecimentos, e eu só posso dizer que o mais rico é aprender um pouco com cada uma dessas pessoas e me tornar um alguém melhor.

Depois de três longos anos, fui demitida daquela instituição, saí com muita tristeza, pois eu queria fazer mais por aquelas pessoas, mas ao longo dos anos entendi que meu ciclo lá já havia acabado e consigo enxergar a diferença que eu fiz na vida de quem esteve comigo. Hoje tenho orgulho em ouvir algumas pessoas dizerem que eu faço falta naquele serviço de saúde, que ainda passa por enormes desafios. Ainda pude contribuir com outra instituição da região do

Alto Tietê, onde eu resido, como coordenadora de educação permanente, lá eu também tive muitas oportunidades de aprendizado, mas eu já me sentia tão segura, tão empoderada de mim, tão plena, tão confiante, que mesmo contra muitas opiniões eu pedi minha demissão, larguei tudo e fui em busca dos meus sonhos, fui viver o meu propósito de vida, a minha missão...

Hoje atuo como *coach*, realizo palestras e tenho um lindo projeto de Valorização, Empoderamento e liderança para profissionais da saúde, o "*Nurse Coach*". Além disso, tenho o prazer de atuar como avaliadora em saúde, com serviços de certificação de qualidade nacional e internacional por uma grande instituição de acreditação, e levar a mensagem de compromisso, qualidade, valorização ao serviço de saúde, empoderamento, segurança da assistência e amor à profissão. E os desafios? Ahhhhhh, esses, com certeza, continuam, principalmente porque como eu comentei ao longo deste capítulo, eu lido com pessoas de vários perfis, culturas, crenças e valores. E as pessoas podem facilitar ou tentar destruir qualquer coisa. Mas hoje eu levo com tranquilidade, equilíbrio, mais maturidade e gratidão porque cada desafio me torna mais FORTE. E sempre lembro de uma frase que eu ouvia na minha formação de *coach*:

"Você é a média das pessoas que mais convive". Por isso, eu evito as pessoas tóxicas e tento a cada dia ser uma pessoa melhor!!!

## Capítulo 11

### Dependência emocional: como sair desse inferno particular

**Lana Palafox**

Falar de dependência emocional, para alguns é algo novo. Muitos pensam que só existe a dependência das drogas. Mas não! A dependência emocional é um vício. Aqui, vamos falar de relacionamento humano, e falando sobre esse assunto, precisamos entender que todo tipo de relacionamento deve ter um cuidado especial, qualquer descuido e perdemos as rédeas das nossas vidas e não saberemos mais quem somos.

## Lana Palafox

Pastora, *coach* cristã, palestrante e escritora. Criadora do curso *Mulheres sem Mimimi*. Bacharel em Teologia pela Igreja Batista Renovada Casa de Oração. Possui formação em Sexualidade Feminina pela Presbiteriana de Jardim Camburi. É psicóloga pastoral do Ministério Êxodos. Professional *Coach* pela EHumanas - Essência de habilidades Humanas *Spiritual Life*.

**Contatos**
lanapalafox@gmail.com
Facebook: Lana Palafox
Instagram: Lana Palafox
(+1) 302 510-9409

O que é dependência emocional? É viver em função do outro, viver na sombra do outro. Eu deixo de ser eu mesma, é uma ligação de alma, um tipo de apego excessivo, sou roubada de mim mesma e, em resumo, carência efetiva. "Eu preciso da sua vida para que eu possa viver!"

Eu preciso de um telefonema, de uma mensagem, de um elogio ou um simples bom dia para me sentir bem. Exemplo de uma pessoa que atendi e, para guardar sua identidade, quero chamá-la de Mércia.

Mércia, de 42 anos, relata ter se tornado dependente emocionalmente da amiga.

"Eu preciso de um áudio, telefonema, foto, um simples 'oi' para começar meu dia, assim como preciso do ar para respirar. A ausência dela me causa sintomas físicos, me causa agonia, dor de cabeça e aceleração no coração. Sinto-me sozinha, vivendo em função de uma pessoa, o que me torna uma pessoa vazia. E quando outras pessoas se aproximavam dela, eu me sentia traída. Eu não conseguia fazer planos nem em curto, nem em médio prazo. Meu chão abria quando ela tinha que viajar e a gente tinha que ficar afastada por uma semana. Eu tinha desejo de exclusividade, ela tinha que ser minha melhor amiga, minha propriedade, me frustrava quando ela não respondia minhas mensagens".

"Nos lugares, só tinha graça quando ela estava comigo. Eu a enchia de presentinhos para agradar. Eu perdi o interesse nas outras amizades, bastava somente ela como amiga. Era minha amiga, não tenho histórico de lesbianismo, nunca a desejei como mulher, porém era só ela que me deixava completa, me preocupava com a aparência, personalidade dela".

Outro relato...

Cirela, 33 anos, fala sobre seu amante. "Tudo começou com uma conversa no Facebook. Éramos amigos, e ele começou a se abrir comigo, falando da esposa dele, era uma brincadeirinha, uma conversinha, sorrisos e muitos segredos, eu senti desejo por ele e ele por mim. Eu comprometi meus valores e minha dignidade. Eu me tornei vazia e agressiva. Eu não era real e nem normal, e toda vez que eu me esforçava para ser real, o relacionamento começava a se abalar. Eu me sentia culpada, ele me deixava por baixo e sempre me dominava. Sentia-me deprimida e ansiosa, eu sabia que tinha de seguir em frente, mas tinha medo de deixar minha fachada de segurança. Dentro desse relacionamento pseudo-seguro, eu me sentia frustrada só em imaginar que eu precisava sair da vida dele. Quando nos tornamos sexualmente envolvidos, não posso dizer que isso me dava alguma coisa. Eu nunca podia ter abraços ou cumprimentos suficientes. Eu queria mais, quanto mais, melhor. Eu nunca podia aceitar o que já estava lá. Eu me tornei zangada e amarga, tentei esconder profundamente meus sentimentos. Por fora, eu era só sorrisos. Próximo do fim de nosso relacionamento, meu desapontamento e ressentimento começaram a afetar minha saúde emocional. Eu comecei a encarar o fato de que iria ficar vazia para o resto de minha vida".

"Achei que ele era tudo para mim, mas tudo resultou em depressão e sessões de terapias."

Cândida, 49 anos: "Eu era dependente do meu filho, eu dizia para ele que eu iria infartar quando ele falava em sair para a balada com amigos, eu dizia para ele: 'Vai não filho, mamãe tá passando mal, fica em casa'. 'Essa garota não é para você, filho.' 'Você não precisa casar, filho, você tem tudo aqui em casa, mamãe lava, passa, faz tudo para você'". Eu oprimia meu filho".

Dependência emocional é um dos motivos mais frequentes que atendo como conselheira e nas minhas sessões de *coaching*. É um problema pelo qual se desenvolve uma dependência de outra pessoa, porque existe uma necessidade muito grande e contínua de afeto.

Houve certo tempo da minha vida em que eu pensei que eu iria enlouquecer, queria ajudar todo mundo, vivia em uma correria, procurando salvar todos. Eu estava desequilibrada corria atrás de problemas. Falaram-me que eu sofria de dependência emocional, eu respondi:

"Eu? Uma mulher inteligente, independente, segura, prática? Nunca! Como assim?"

Sim, eu sofria desse mal, mas não sabia, eu ajudava por amor? Ou para me sentir melhor? Era uma mulher forte, porém precisava estar próxima de pessoas fracas para me sentir útil. Foi quando comecei a estudar sobre essa doença silenciosa, e identifiquei vários sintomas que estavam me destruindo.

Ajudadora obsessiva, eu tinha que fazer outras pessoas felizes, me frustrava quando uma pessoa ficava boa e ia embora, eu me tornava vítima e me sentia rejeitada.

Na base do problema, está o fato de uma baixa autoestima que leva o dependente emocional a se desprezar. Eu dava para o outro a arma para me machucar, autopiedade e rejeição, e a rejeição é uma ferramenta para a depressão.

Romper a dependência emocional é possível? Sim, mas para que isso aconteça é preciso que você tome a decisão de mudar, entender e aceitar que precisa de ajuda, reconhecer que está com a dependência daquela pessoa, e para só assim ter uma melhor qualidade de vida. As pessoas que sofrem de apego excessivo não aproveitam completamente as relações, são frustradas, angustiadas e se sentem culpadas por tudo, se apegam demais e perdem sua essência.

Alguns sintomas do "inferno particular":

- Cuidados excessivos com o outro – preocupação constante, necessidade compulsiva de ajudar o outro, antecipando as necessidades dele, assumindo responsabilidades por ele e deixando o próprio cuidado de lado;

- Baixa autoestima – culpar-se por tudo, autoexigência e autocrítica exagerada, sente-se envergonhado e inferior aos outros, contenta-se com muito pouco, com "migalhas de amor";

- Repressão das emoções – reprime seus sentimentos e vontades, de tal modo que, com o tempo, perde o contato;

- Controle compulsivo – necessidade de ter sempre o controle de si mesmo, das situações, do relacionamento, do outro, tentando mudá-lo;

- Ciúme doentio – enorme insegurança, pensamentos constantes de ruminação pelo medo de ser traído ou de ser abandonado, comportamentos e discussões na tentativa de controlar os comportamentos do outro;

- Negação – mente para si mesmo, finge que os problemas não existem ou não são graves, não enxerga e enfrenta os problemas que estão acontecendo na relação, pensa que um dia tudo vai melhorar "do nada";

- Vive oscilando entre o céu e o inferno – oscila entre gostar e sentir-se magoado e com raiva do outro, ou seja, ora se sente bem na relação e ora se torna vítima e age como o algoz, cobrando posturas de forma pesada e agredindo o outro;

- Acredita que depende do outro – procura desesperadamente amor e proteção fora de si mesmo, não consegue ficar só, sente-se ameaçado pela perda do outro, sente que necessita do outro pra ser feliz;

- Comunicação disfuncional – não expressa abertamente seus sentimentos e pensamentos, a comunicação não é honesta e franca; não consegue ter bons diálogos e discutir objetivamente os problemas; iniciativas de diálogo se tornam discussões áridas.

- Dificuldades sexuais – usa o sexo para conquistar, segurar e ganhar a aprovação do outro; tenta manipular e controlar o outro por meio do sexo; fazem sexo quando não querem, com pouco ou nenhum prazer, etc.

- Adora presentear a pessoa de forma constante e excessiva.

- Envolvimento com pessoas complicadas – escolhe parceiros indisponíveis, indecisos, agressivos, distantes, que sugam e pouco doam, irresponsáveis com mau-caráter, que também apresentam transtornos psicológicos como dependências (de álcool, de outras drogas, de jogos, etc.). Por isso, tem decepção amorosa, sofre muito por amor, experimentando uma vida amorosa insatisfatória.

Esses sintomas e outros contribuem para padrões de relacionamentos destrutivos.

### Algumas causas

- A dependência surge da necessidade de ser amado. Mas se buscarmos o que há por trás dessa necessidade, encontraremos uma baixa autoestima. Aquele que ama pouco a si mesmo e sente necessidade de que os outros o amem para sentir-se digno de amor. O parceiro é alguém que não é da família de origem, que não teria motivo para me amar, mas que me ama porque escolheu isso. Não há nada de errado aí, exceto quando a aceitação de si mesmo se baseia nisso – é quando se verifica o problema.

- A dependência emocional se torna parecida com um labirinto, uma cadeia da qual é difícil sair porque normalmente é confundida com o amor. O amor deve se basear em uma escolha livre e não em uma necessidade de levantar sua estima. E surgindo a dependência emocional, na maioria dos casos o amor se desgasta e as consequências são negativas para ambos.

Assim, a dependência emocional nos mantém presos em relações que não funcionam. Ela faz com que muitos permaneçam em relacionamentos que não lhes fazem felizes. E assim, dentro do relacionamento começam a aparecer problemas como as violências psicológica e física.

### Como romper com essa dependência?

- Praticar a metanoica, ou seja, mudança de mente. Gerenciar suas emoções. Não se trata de separar da pessoa na primeira complicação, mas sim de aprender a reconhecer a dependência emocional e passar a amar sem depender.

- Reconheça o seu valor próprio e alimente pensamentos positivos sobre si mesmo, percebendo suas limitações bem como suas conquistas, estabelecendo metas e objetivos, ajudando outros e fazendo o que lhe faz sentir bem. Aceite as suas decisões e observe a sua capacidade de fazer o que é melhor para você.

- Perceba que você tem o controle de si e assuma as rédeas de sua própria vida. Incluindo seus sentimentos, suas emoções e ações. Algumas vezes, acontecem eventos na vida que são incontroláveis, mas você precisa perceber o que pode controlar. Não permita que outra pessoa controle o caminho que você deve seguir.

- Estabeleça metas para vencer sua insegurança. O momento é propício para estabelecer limites pessoais e na relação, que representam o respeito às próprias vontades e à do outro. Claro que não será fácil – e ninguém disse que seria –, mas é imprescindível para a mudança que você precisa operar, a fim de ter uma vida mais saudável e feliz.

- Isso jamais será possível sem autoconfiança, portanto, o caminho é o de se redescobrir, entrando em contato com seu próprio eu. Mesmo que seja penoso, é preciso lidar com a raiz do problema, derrubando ídolos e compreendendo o poder que jaz em si mesmo.

- Não programe o seu dia a dia dependendo da outra pessoa, perceba que você também possui necessidades importantes, precisa ter controle da sua própria vida e fazer as suas coisas independentes dos outros. Você pode se comprometer e reconhecer as necessidades do outro, mas tem de se lembrar igualmente de que você tem de viver sua vida para além do relacionamento.

- Recupere o seu espaço. É importante que você trate de retomar aqueles espaços pessoais e individuais. Reúna-se com amigos sem essa pessoa, faça atividades que proporcionem prazer.

- Seja realista e pare de idolatrar essa pessoa, ela é um ser humano e, como tal, tem seus defeitos e suas virtudes.

- Fale, converse, tenha diálogo. O que você pensa e diz é igualmente importante, tal como o que essa pessoa pensa. Quando não estiver de acordo com algo, diga-lhe. Não aceite tudo o que ele diz por medo de perdê-lo. Com as diferenças também se constrói e consolida um relacionamento saudável.

- Repense, faça o "ganhos e perdas", coloque na balança. Reflita sobre como era antes de o conhecer e todas as coisas que deixou de fazer pela relação. Talvez seja tempo de fazer umas mudanças no relacionamento, para que ambos se sintam melhor.

- Consciência. Sem a consciência do que está acontecendo,

tudo vai continuar como está, e o sofrimento tenderá a continuar. Ao passo que se uma mudança for buscada, ela pode ocorrer com a criação de mais autoestima, autovalorização.

- Psicólogo, *coach*, terapeuta. Eles vão auxiliá-lo a expressar os seus sentimentos e suas necessidades de forma mais adequada; a partir daí adquirir noção dos seus limites e ganhar perspectiva sobre si própria. Por exemplo, utilizando técnicas que auxiliam na busca da individualidade dentro de um relacionamento, para que cada um tenha seu espaço de tempo e privacidade, o que é fundamental para a autoestima de ambos.

Enfim, convido você a colocar em prática tudo que foi descrito neste artigo, tenho certeza de que você estará livre desse inferno particular e viverá, de fato, a sua essência, essência preciosa que Deus nos presenteou.

"Se você é capaz de ser feliz quando está sozinho, aprendeu o segredo para ser feliz." (Osho)

Deus o abençoe.

Lana Palafox

## Referências

BEATTIE, M. *Co-dependência nunca mais.* Rio de Janeiro: Ed. Nova Era, 2008.

*Bíblia Sagrada.*

BOWLBY, J. *Formação e rompimento dos laços afetivos.* São Paulo: Ed. Martins Fontes, 2018.

CLOUD, H; TOWNSEND, J. *Limites quando dizer sim quando dizer não assumindo o controle de sua vida.* São Paulo: Ed. Vida, 2001.

NASCIMENTO, W. *Apostila Formação Professional Coach.* São Paulo: Essência de Habilidades Humanas, 2018.

OSBORNE, C. *A arte de compreender a si mesmo.* Rio de Janeiro: Ed. Juerp, 1994.

## Capítulo 12

### A essência que há em mim

*Márcia Victorio*

O objetivo principal deste capítulo é promover reflexões acerca do relacionamento que cada pessoa desenvolve consigo. É um convite à construção de uma parceria intrapessoal, a uma viagem para dentro de si, em que o olhar atento, atenção plena e silêncio são fundamentais para que se reconheça a essência que há em cada ser humano.

## Márcia Victorio

Mestre em Educação. Terapeuta Familiar. *Coach* pela FEBRACIS. *Coach* com formação internacional pela EHumanas/World Coaching Council. *Coach* de Emagrecimento Sistêmico pelo Instituto COEMSIS. Assistente Social e Especialista em Gestão de Pessoas. É palestrante e docente em cursos de pós-graduação. Facilitadora do "Círculo Feminino Florescer" e coordenadora do Programa de Emagrecimento Consciente "EmagreSer". Atuou em grandes corporações em processos de Recursos Humanos na implantação e coordenação de ações, programas e projetos de responsabilidade social, qualidade de vida, programas sociais e eventos. Acredita que todas as respostas podem ser encontradas em nosso interior, e que se exercermos um "sistema de parceria" a iniciar por nós, contribuiremos para a construção de um mundo melhor.

**Contatos**
contato@marciavictorio.com
(19) 99763-3632

Márcia Victorio

> "Nenhum de nós consegue mudar tudo. Mas todos conseguimos mudar alguma coisa. Um bom lugar para começar é conosco mesmo."
> Riane Eisler

## O relacionamento conosco

Riane Eisler (2007) aponta um dos fatores importantes para o autodesenvolvimento: acreditar que a mudança é possível e que começa a partir de cada um, individualmente. Há uma tendência cultural que convida o indivíduo para que foque seu olhar no seu exterior, busque responsáveis pelas frustrações e ignore as emoções e sentimentos. Todavia, diante de tantas exigências cotidianas, indaga-se: quão desconectadas de si as pessoas têm estado? Quão desligadas estão de sua essência?

É preciso coragem para se reconectar e mudar!

Olhar para dentro de si exige atenção e silêncio. É um convite a uma viagem, nem sempre agradável, a um mundo, muitas vezes desconhecido e, por muitos, nunca habitado.

Em minha jornada como terapeuta e *coach*, deparei-me com muitos clientes que não habitavam seu mundo interior. Mas o que significa viver dentro de si? O que significa olhar para dentro? Percebo que quando há a disposição de iniciar um relacionamento intrapessoal, de se olhar atentamente, é possível se deparar com um mundo interior onde existem muitos mistérios a desvendar.

Pode parecer estranho, mas muitos tratam a si mesmos como inimigos, não se aceitam e exercem a autocrítica com maestria, praticam um diálogo interno tóxico. Mas por que isso acontece?

Em algum momento da vida, muitos já se sentiram exaustos pela necessidade de agradar a todos a sua volta. Já sentiram insegurança em manifestar sua opinião. Talvez a necessidade de ser perfeito seja o que mais incomoda os seres humanos no momento.

É sabido que o ser humano é influenciado desde a mais tenra idade pelos ambientes aos quais está sujeito, o ambiente intervém constantemente nos comportamentos e atitudes. A forma de se relacionar consigo é moldada, desde a infância, por meio da influência dos pais, familiares, amigos, escolas e instituições das mais variadas denominações; é fruto das histórias de vida.

Por vezes tem-se a necessidade de ser aceito e "adequado", e atender às expectativas alheias. Entretanto, como diz Anna Patrícia C. Bogado em seu livro *Corpo: prazer, dor e luz* (2009, p.20) "... o gostar-se leva-nos a um processo de sentimento de pertencimento ao mundo, de apropriação de nosso papel social, de garantia de afeto e de reconhecimento...".

No entanto, eis um paradoxo, tende-se a autojulgamentos e autocríticas para atender às expectativas externas e se faz necessário praticar o "gostar-se" para que haja o sentimento de pertencimento.

Há um constante questionamento sobre o porquê de não nos tornarmos a pessoa que queríamos ser. Geralmente indagações sobre escolhas não feitas, oportunidades perdidas, esforços não realizados assombram, diuturnamente, milhares de pessoas.

Não obstante, há um trabalho a ser feito, e o primeiro passo é reconhecer que para acessar a essência intacta que existe em cada indivíduo e praticar o "gostar-se" é necessário enfrentar os medos, deixar de lamentar o passado e fazer as pazes consigo.

Mas como isso é possível, qual caminho seguir?

Nos processos de *Coaching*[1] e nos Círculos Terapêuticos Femininos[2], é comum identificar que existe um círculo vicioso que mantém ativo hábitos e comportamentos emocionais e que, normalmente, impedem a evolução do cliente. No entanto, todo ser humano tem a capacidade de superar condicionamentos e de aprender continuamente, e provocar mudanças em seu comportamento, e caminhar em direção de se tornar quem gostaria de ser.

Como enfrentar o desafio de se tornar a pessoa que se quer ser?

Responsabilizar-se pela mudança que deseja e questionar sobre o que é importante e o que necessita, qual é a opinião sobre si mesmo, conduz a uma reflexão que permite imaginar um futuro melhor, identificar e considerar as próprias necessidades, iniciar uma relação de parceria intrapessoal. Assim, caminha-se de volta para o interior, num "sair do lugar da falta e da ausência para o reconhecimento da nossa inteireza".

---

1      Metodologia de desenvolvimento humano que amplia e potencializa a conquista de resultados pessoais e profissionais por meio de técnicas e ferramentas que geram realização, satisfação, equilíbrio interno e aumento da qualidade de vida.

2      Espaços de reflexão e partilha sobre os papéis femininos e suas ações no mundo, em que prevalece o respeito e a escuta ativa, resultando em autodesenvolvimento, cura e transformação.

Uma questão central é que poucos possuem consciência dessa "inteireza", poucos sabem onde estão e para onde gostariam de ir, consequentemente, há limitação da autopercepção. Todos os dias, alguns trabalham, estudam, convivem, divertem-se e em alguns raros momentos se dão conta do que acontece ao seu redor. Noutras vezes, vivem sem reparar na vida, desconectados!

Realizar mudanças implica em admitir que é preciso mudar e que muitas vezes não se sabe como executar tal mudança. A mudança vem de dentro, ela exige comprometimento.

O processo de reconexão envolve alguns elementos como a prática da presença, que, para Amy Cuddy, em *O poder da presença* (2016, p.28), "é o estado de sintonia com nossos reais pensamentos, sentimentos, valores e potenciais, bem como a capacidade de expressá-los confortavelmente", que se dá pela auto-observação e consciência.

A construção da relação de parceria intrapessoal, em que está presente o autocuidado, atenção às necessidades individuais, priorização das escolhas e desejos próprios, compreensão das emoções, começa pela percepção e aceitação daquilo que o indivíduo deseja.

Não há possibilidade de mudança, a menos que se queira, de fato, mudar.

Muito já se ouviu dizer que àquele que não sabe o que quer, qualquer coisa serve. As escolhas feitas diariamente têm o poder de mudar o destino de um ser. Muitos acreditam que vivem baseando-se em escolhas, mas em geral percebe-se que não é verdade. Em grande parte do tempo há uma robotização, e as ações são automáticas e conduzidas por hábitos.

Contudo, embora haja um padrão de comportamento preestabelecido pela sociedade para se atingir uma "vida perfeita", faz-se mister lembrar que cada indivíduo tem o direito de escolher aquilo que julga adequado para sua própria vida. Basta saber o que deseja!

Deixar de perceber nossa essência é deixar de perceber o que realmente amamos.

Na imaginação de um futuro melhor e construção de uma relação de parceria intrapessoal citadas anteriormente, identificar e compreender as verdadeiras razões que movem o indivíduo em direção a seus objetivos o impulsionará fortemente à ação. Quando se tem um "para que", facilmente haverá um "como", ou seja, quando há um "forte querer", um verdadeiro propósito, as dificuldades, imprevistos, incertezas são superadas com mais facilidade, alegria e esperança. As histórias de muitos povos, nações e pessoas foram mudadas por líderes que possuíam e eram movidos por fortes propósitos.

## O poder do ser humano

O caminho que leva o olhar para dentro de cada ser é o fio condutor para a fonte dos propósitos, da profunda experiência de vida. Caminhar por esse caminho é um exercício diário e há permissão para corrigir a rota.

Ao alcance de todos estão as potencialidades existentes. Para acessá-las, basta abrir os olhos e reconhecer que existe um tesouro, muitas vezes inexplorado. Joseph Murphy (2018, p.17) afirma que "numerosas pessoas vivem fechadas para seu potencial, porque desconhecem esse tesouro de inteligência infinita e amor sem limites nelas existentes".

Nesse tesouro está a essência do ser humano: os sonhos! Aqueles que se sonha acordado.

Augusto Cury (2004, p.9) diz que "os sonhos são como vento, você os sente, mas não sabe de onde eles vieram e nem para onde vão. [...] Eles nascem como flores nos terrenos da inteligência e crescem nos vales secretos da mente humana, um lugar que poucos exploram e compreendem", mas todos têm condições de se desenvolver, e acreditar nisso é um convite a protagonizar a própria vida, reeditar os caminhos dantes percorridos.

O que impulsiona um ser humano em direção aos seus sonhos? A paixão pela vida!

Muitos têm medo de olhar para seus sonhos, pois realizá-los implica ousadia, assumir riscos, errar, o que causa pânico em grande parte da população.

Há muitos tipos de sonhos, cada pessoa tem os seus, e a melhor maneira para começar a caminhada é identificar quais são esses sonhos tendo consciência de que eles são a essência da vida! "Os sonhos, por serem verdadeiros projetos de vida, resgatam nosso prazer de viver e o nosso sentido de vida, que representam a felicidade essencial que todos procuramos" (CURY, 2004, p.111). Sonhar é preciso!

Como explorar o mundo, a história fascinante que há em cada ser humano?

É possível fazer escolhas, traçar e executar metas para a realização dos sonhos. Algumas estratégias, técnicas e ferramentas estão disponíveis para serem utilizadas.

O primeiro passo é acreditar no potencial existente e ter um método que ajude a alcançar os sonhos, que direcione na jornada de conquistas e realizações.

Instaurar a relação de parceria intrapessoal pede a realização de uma autoanálise profunda e sincera, definir claramente o que faz feliz e o que o aborrece, e onde gostaria de chegar. Questionar quais são as atitudes, hábitos diante da vida e das pessoas, dos desafios e oportunidades, quais têm sido os resultados alcançados. Ter clareza e consciência real de si mesmo, descobrir o estado atual e assumir o protagonismo da vida para transformá-la naquilo que deseja.

A partir da autoanálise, é possível traçar um mapa que conduzirá até onde deseja chegar. Haverá sentido em traçar o mapa, ao deixar de lado as expectativas alheias e assumir quem, de fato, cada um é em sua essência. Haverá significado ao descobrir e realizar aquilo que faz sorrir, ao aceitar o que está certo e aquilo que necessita de mudança e seguir em frente. Dessa maneira, quanto mais conhecemos e reconhecemos nosso potencial e o aceitamos genuinamente, mais significados encontraremos em nosso caminhar.

É importante compreender que esse processo exige tempo, ele não acontece de modo imediato. Mas se realizado de forma consciente e consistente terá grandes chances de sucesso.

Diante da relutância natural das pessoas em provocar mudanças em suas vidas, em meu trabalho com os processos de *coaching* percebo que começar é a parte mais desafiadora e muitos clientes se mostram resistentes no início de um processo de desenvolvimento. Em sua maioria, as pessoas não se aprimoram sem acompanhamento. A atitude de pedir ajuda mantém o processo de mudança sustentado e em movimento.

Identificar um método que apoie o processo de mudança para o alcance dos objetivos é fundamental. No processo de *coaching* existem diversas ferramentas de ampliação da autopercepção e desenvolvimento do potencial humano. Normalmente as pessoas definem seus objetivos dentro de um conjunto de categorias como família, saúde, relacionamentos, questões financeiras, emocionais e profissionais. Com prazos específicos de curto, médio e longo prazos.

Porém, nenhum método mostrar-se-á eficaz se houver um adormecimento para a essência pessoal, se não houver disposição para o desenvolvimento da parceria intrapessoal. O método não mostrará o que mudar, essa tarefa é de cada pessoa, mas ajudará a conseguir realizar a mudança.

Marshall Goldsmith (2017) reforça que "...não podemos mudar até que saibamos o que mudar. Nós cometemos uma porção de erros espontâneos ao tentar descobrir o que mudar. Gastamos tempo com questões que não são realmente importantes para nós. [...] Nós desejamos em vez de fazer" (p.288). Mas "a mudança não tem que ser enorme, daquele tipo em que as pessoas nem vão mais conseguir reconhecer você. Alguma mudança positiva é melhor do que nenhuma" (p.291).

## O poder do ser humano

Sempre haverá mudanças ao nosso redor, e consequentemente, seremos impelidos a mudar. Olhar para si, reconhecer e gerenciar as mudanças necessárias ou desejadas dará garantias de que está pronto para controlar o que está dentro de si e se manter em equilíbrio com a vida.

Confiar que fará a melhor escolha consciente e que o futuro será apenas uma consequência dessa escolha é aceitar que é o criador do seu destino.

Se aceitarmos nossa "inteireza", seremos capazes de nos amarmos com mais plenitude, encontrarmos o nosso verdadeiro eu e construirmos relações mais valiosas e plenas.

Utopia ou não, cada um, de acordo com sua realidade, pode escolher ser feliz e dar mais significado à sua vida. Construa sentido para a vida, arrisque-se ser feliz!

### Referências

BOGADO, Anna Patrícia C. *Corpo: prazer, dor e luz*. Lorena, SP: Editora Diálogos do Ser, 2009.

CUDY, Amy. *O poder da presença*. Rio de Janeiro: Sextante, 2016.

CURY, Augusto. *Nunca desista de seus sonhos*. Rio de Janeiro: Sextante, 2004.

EISLER, Riane. *O poder da parceria*. São Paulo: Pala Athena, 2007.

GOLDSMITH, Marshall. *O efeito gatilho: como disparar as mudanças de comportamento que levam ao sucesso nos negócios e na vida*. São Paulo: Companhia Editora Nacional, 2017.

MURPHY, Joseph. *O poder do subconsciente*. Rio de Janeiro, Best Seller, 2018.

## Capítulo 13

## Aprendendo com a vivência

### Nívea Cristina da Silva Viana

As escolhas nos levam a viver novas experiências, colocar em prática e desenvolver novas habilidades, e ver a vida sob perspectivas antes desconhecidas. Este artigo compartilha não somente o desejo de viver a vida com propósito, mas o processo, escolhas e etapas desse processo de conexão com a essência.

## Nívea Cristina da Silva Viana

Geóloga e C*oach* de bem-estar. Atua na mineração e também como *coach* de bem-estar adulto e infantil. Graduada em Engenharia Geológica pela UFOP, MBA em Gestão de Negócios pela FEAD, especialização e mestrado em Ciências dos Materiais pela UFOP. Experiência profissional em mineração de grande porte por 16 anos nos cargos de supervisora e geóloga. Concluiu os cursos de *Leader & Professional Coach*, Análise de Perfil Comportamental pela Karmita Bezerra Profiles, *Kids-Coaching* pelo Rio Coaching, Facilitadora GROK pela Colibri. Participa do curso Completo de Formação em PNL pela Casa da PNL e faz mestrado da Arte em *Coaching* pela FCU (Florida Christian University). Divulga os conceitos da Comunicação Não Violenta por meio de palestras em escolas e grupos de pais, atende adultos (presencial e a distância) e crianças dentro do contexto familiar (presencial e a distância). Utiliza técnicas de PNL e o jogo GROK para fomentar o atingimento dos resultados nos processos individuais.

**Contato**
niveavianacoach@gmail.com

Mattos (2015), em *Vai lá e faz*, relata que uma pessoa só enxerga a oportunidade de empreender se estiver segura nos quesitos afeto, dinheiro e competência. Acredito que estou aprendendo a ter mais confiança no quesito *afeto* no decorrer desta minha mudança. Sinto-me um pouco mais confortável no que diz respeito a *dinheiro* e *competência*, mas ainda um pouco fragilizada no *afeto*.

Vamos começar do início... Sempre fui inquieta, tanto na busca de como fazer diferente e coisas diferentes. Minha inquietação se mostrou ainda mais forte em meados de 2015, quando a empresa onde trabalho estava com as operações paralisadas e a maioria dos empregados em férias coletivas. O Brasil vivia um momento em que diariamente eram escancaradas informações e questionamentos referentes à ética e à corrupção. Alguns desses questionamentos passaram a fazer parte do meu cotidiano. Meu marido e eu conversávamos a respeito do assunto em nossos momentos de lazer. Assim, passamos a buscar um pouco mais de informação por meio de vídeos e palestras divulgadas na internet como, por exemplo, os programas *Café filosófico* e *Quem somos nós*. Um desses vídeos apresentou Mario Sergio Cortella divulgando seu livro intitulado *Qual é a tua obra?*.

Esse questionamento me fez pensar e avaliar minha vida profissional. Passei a me questionar: qual o sentido de eu estar trabalhando neste local? Minha mente então se abriu para a busca por autoconhecimento. Percebi que vivia mais tempo pensando no futuro que no presente.

Foi então que me aventurei por outras atividades, comecei a lecionar inglês para minhas filhas, a ter aulas de natação junto com elas, a fazer cerveja artesanal com o meu marido e a ouvir e a entender um pouco mais sobre alguns temas relacionados à felicidade, ao propósito da vida, e ao comportamento humano.

Recebi a oportunidade de ter a análise do meu perfil comportamental, baseado nos conceitos do DISC e denominado Patrisk, referente ao ambiente profissional. Preenchi o questionário e fiz um curso para entender um pouco mais sobre os perfis.

## O poder do ser humano

Olhei para o gráfico e a leitura que fiz foi a seguinte: "Poxa vida, está tudo errado!!! Estou gastando minha energia para me enquadrar em minha percepção da necessidade do ambiente onde trabalho e, realmente, não sobra muita coisa para as demais atividades".

Constatei, então, que o gráfico estava invertido: o meu natural estava exatamente ao contrário da minha percepção do ambiente, e o meu adaptado mostrava o esforço para me enquadrar num cenário de falta de opção.

Comecei a pensar em alternativas de me posicionar profissionalmente. Como gosto muito de estudar, comecei a fazer disciplinas isoladas na área técnica de mineração na busca pelo doutorado, mas ainda não era isso que eu queria.

O que eu gostava e acreditava estava em discordância com a minha percepção do ambiente de trabalho em que estava inserida. Sair da empresa, depois de 14 anos de certa estabilidade profissional e financeira, era muito arriscado.

Nesse ínterim, recebi um convite para fazer um curso de formação em *Leader Coaching*.

O instrutor do curso foi o Wilson Nascimento, também professor na FCU (*Florida Christian University*). Iniciei o curso com o objetivo de ter mais tempo, esse foi o meu objetivo inicial. Mas me lembro do Wilson me falando que tempo é questão de escolha e gestão. Esse foi o primeiro grande aprendizado. E, assim, aconteceu mais uma importante virada de chave na minha vida. Senti-me encantada e reconectada comigo mesma.

O autoconhecimento proporcionado pelo treinamento reforçou ainda mais o meu encantamento. E assim fiz a importante escolha da minha vida, que foi buscar a transição de carreira e atuar como *coach* de forma profissional.

Foi a primeira vez que eu ousei pensar, descobrir, elaborar e redigir os meus valores e meu propósito de vida. A decisão estava tomada, pois atuar como *coach* está mais alinhado com o propósito de vida que eu elaborei do que como supervisora ou geóloga. Avisei a todos que aquela era a minha escolha: primeiro em casa e depois na empresa.

No decorrer das semanas entre os módulos, decidi que meu nicho seria com crianças. Sempre gostei muito de crianças e a maternidade reacendeu ainda mais em mim o desejo de trabalhar com elas e em prol delas.

Ao terminar a fase presencial do curso, já estava matriculada no mestrado em Arte em *Coaching* pela FCU e logo iniciei os estudos. Concluí o trabalho final e a formação; fiz o curso de formação em Análise de Perfil Comportamental pela Profiler e o curso de formação em *Coaching* Infantil pelo método KidsCoaching. Durante esse período, o meu tempo se expandiu de uma forma que não sabia como explicar. Para quem desejava mais tempo livre, acabei encontrando mais compromissos e estava me sentindo mais empoderada e feliz a cada novo conhecimento.

Imediatamente, estudei uma marca, confirmei o meu nicho e defini a minha nova identificação como *coach* de bem-estar adulto e infantil. Aluguei uma sala e comecei a atender de forma virtual (adultos) e presencial (adultos e crianças). Não me esforcei para ter agenda cheia, pois entendia que precisava me dedicar bastante aos estudos, para ter a garantia nos processos e prover que tudo acontecesse de forma harmônica.

Na empresa, comuniquei minha decisão informando que, em algum momento no futuro, partiria para novos caminhos. Propus trabalhar 4 horas diárias como estratégia de buscar uma sinergia entre os meus interesses pessoais e os da empresa naquele momento de transição. Como trabalho em uma empresa muito grande, tradicional e burocrática, e, salvo médicos do trabalho, não havia ninguém com essa flexibilidade de horário, essa solicitação demorou cerca de um ano para se consolidar. Foram vários processos e entraves, até encontrar o caminho compatível e confortável para mim e para a empresa, passando inclusive por um processo judicial.

Esse tempo foi extenso e intenso, pois ao mesmo tempo que estava ansiosa por um mundo de informações e novidades a respeito do *coaching*, tinha que trabalhar cerca de oito horas por dia e não tinha mais a mesma conexão com as minhas escolhas.

Quando finalmente foi oficializada a redução da carga horária, a minha vida ganhou outro brilho. Desacelerei o meu pensamento e, consequentemente, as minhas ações. Apesar de meu dia ainda continuar repleto de atividades, sentia-me vivendo todos os minutos, todos os dias. Não tinha a sensação de perda e minha ansiedade diminuiu consideravelmente.

Na empresa, o meu foco mudou e meu cargo tornou-se técnico, porém a mudança maior não veio com a mudança de cargo, mas com a mudança no significado do meu emprego. Entendia que representava um agente de mudança e usava a Geologia (meu cargo atual) como meio para tornar essa mudança mais concreta dentro do mundo corporativo. A redução da carga horária foi inicialmente considerada uma experiência, se não desse certo, eu voltaria a trabalhar as 8 horas diárias.

## O poder do ser humano

Ressignifiquei minha experiência profissional tendo como foco a validação da carga horária reduzida, pois acreditava que era viável e benéfica para ambos os lados. Encarava isso como um legado importante a ser deixado na empresa.

Assim, a vivência de trabalhar quatro horas diárias foi validada, mas não foi acompanhada de perto como eu imaginava, e muito menos divulgada como oportunidade para outros empregados. Esse fato representou para mim uma frustração, o que desencadeou formas de trabalhar para a mudança no ambiente profissional. Ainda não entendia que cada um tem seu tempo e que esse tipo de abordagem requer muita energia e perseverança.

Durante esse período, ressignificava o meu trabalho para alinhar os meus sonhos, além de estruturar melhor a estratégia de atuação na nova proposta profissional. E foi, em um dia desses, que expus meus sentimentos por meio das palavras abaixo:

"Momentos de busca.
Quando tudo se torna nebuloso.
Qualquer coisa pode tornar-se uma oportunidade um dia.
E transforma-se em uma proposta impensável no outro dia.
Momentos de introspecção.
Na busca do reconhecimento.
Daquilo que um dia foi oprimido.
Mas a busca gera, por outro lado, uma energia, uma empolgação, uma inquietude.
Como a chama de uma vela.
Instável, mas sempre presente!
Que ilumina, instiga, se movimenta.
Ah, o movimento!
Como eu adoro e odeio o movimento!"

Novamente utilizei a ferramenta de análise dos perfis comportamentais do DISC, para aprimorar o autoconhecimento. O meu perfil é dominante extrovertido, por isso a novidade, as mudanças me encantam e promovem energia em mim.

Passei a utilizar os conceitos da Comunicação Não Violenta, desenvolvida por Marshall Rosenberg, e me apaixonei por eles, pois embutem a crença da existência da compaixão genuína do ser humano.

Em paralelo ao desenvolvimento do meu desfecho profissional na mineração, fui me encantando com as disciplinas do mestrado, vivência dos conceitos da Comunicação Não Violenta, e ingressei na formação em PNL. Ministrei palestras e rodas de conversas em escolas públicas para estudantes de nível médio, para professores da educação infantil e para grupos de pais e mulheres empreendedoras.

Chega então a hora de dar mais um passo importante. Com a empresa passando por um processo de redução de custos, me apresentei como disponível para o desligamento. Ainda não sei o desfecho dessa etapa, mas sei que acontecerá em breve.

Penso que minha vida nunca mais será a mesma, aquela com tendências previsíveis, sequenciada, linear. Na verdade, no fundo, concordo muito com as ideias de Thiago Mattos. Não sei se estamos vivendo uma mudança de era ou tempo de mudança, mas sei que a forma de pensar que o autor denominou digital (não linear, conectado, multidisciplinar e exponencialmente imprevisível) trouxe mais sinergia para mim.

Inspiro-me na frase de Joyce Meyer, citado por Loureiro (2016), que diz: "Acredito que o maior presente que você pode dar para a sua família e para o mundo é uma versão mais saudável de você mesmo". Também busco o sucesso diário pela definição de Ralph Waldo Emerson, citado por Robbins (2017):

Rir muito e com frequência; ganhar o respeito de pessoas inteligentes e o afeto das crianças; merecer a consideração de críticos honestos e suportar a traição de falsos amigos; apreciar a beleza, encontrar o melhor nos outros, deixar o mundo um pouco melhor, seja por uma saudável criança, um canteiro de jardim ou uma redimida condição social, saber que, ao menos, uma vida respirou mais fácil porque você viveu. Isso é ter tido sucesso.

E, ao findar cada dia, ao vivenciar com a minha família a proposta de Seligman (2011), que nos desafia a responder por que o dia valeu a pena em três fatos, esses geralmente se convergem para momentos em que pude ampliar a percepção de alguém, principalmente de minhas filhas e meu marido, para que tivessem mais opções nas suas escolhas; momentos de aprendizado, a partir de diversas atividades; momentos em que pude vivenciar os conhecimentos em aquisição; momentos em que consegui tornar minha existência mais simples, leve e com significado. Sinto que atuar como *coach* é realmente o meu caminho, o que me preenche, a minha parcela de contribuição.

Quanto a saber se tudo isso foi fruto de uma busca pela conexão com a minha essência, bom, acho que sim e que também se trata de um processo. Não consigo visualizar um ponto final enquanto existir, pois, assim como eu, a minha essência é um processo, um movimento... Ela me motiva e me faz ir além.

# O poder do ser humano

Posso ter momentos mais intensos e outros mais calmos, mas certamente sempre haverá um desconforto ou uma inquietação, aquela chama reluzindo com certa instabilidade, que me fará movimentar em alguma direção e isso, sim, me manterá cada dia mais viva. E o que valerá a pena será a certeza da presença de outros momentos, como os descritos a seguir:

"E não é que de repente o céu se abre
Límpido, lindo, de um azul terno
Como se a nebulosidade não existisse mais
E o coração se acalma, sereno...
E retumba, num ritmo que embala a alma
E tudo começa a se encaixar
Como peças perfeitas de um quebra-cabeça
E a vida retoma o brilho
As árvores redescobrem o verde
As flores se enfeitam das mais diversas cores
E perfumam o ambiente
E eu começo a reconhecer o meu novo lar
Meu novo eu,
Resgatando minhas *ESSÊNCIAS*
E eis que descortina um novo caminho
E meu corpo se inunda de sentimentos bons
De carinho, de amor
De redescoberta
E, assim, quase flutuando
Sinto o primeiro passo
De muitos que virão!
E que assim seja!"

## Referências

LOUREIRO, Tony. *A bússola interna da liderança*. Um guia que levará a uma maior satisfação pessoal e a um melhor desempenho profissional. Enki: Belo Horizonte, 2016. 145p.

MATTOS, Thiago. *Vai lá e faz*. Disponível em: <http://assets.perestroika.com.br.s3.amazonaws. com/vlef/vlef.pdf>. Acesso em: 20 de out. de 2018.

SELIGMAN, M. E. P. *Florescer* - uma nova e visionária interpretação da felicidade e do bem-estar. Rio de Janeiro: Objetiva, 2011.

ROSENGERB, Marshall B. *Comunicação não violenta*. Técnicas para aprimorar relacionamentos pessoais e profissionais. Editora Ágora: São Paulo, 2006. 285p.

## Capítulo 14

## O poder da comunicação

### Renato Cocenza

Nós, seres humanos, não vivemos sem nos comunicar, estamos o tempo todo nos comunicando. A comunicação sempre foi um dos grandes desafios da humanidade e ela evolui com o passar dos tempos, na maneira, na forma, mas sua essência sempre foi e será a mesma: o poder de transformar e contribuir com a evolução das pessoas. O ser humano só se torna ser humano por meio da linguagem, da comunicação.

## Renato Cocenza

Formado em Matemática, pós-graduado em *Marketing*, MBA em Gestão, *master* em Jornalismo com especialização em Transformação Digital. Possui 34 anos de atividades ligadas a vendas, *marketing* e, principalmente, comunicação. Foi professor escolar, universitário e de pós-graduação, lecionando nas disciplinas de matemática, pesquisa, mídia, atendimento e comunicação.

**Contato**
renato@tvdiario.com

Temos a necessidade de constantemente nos comunicarmos para sobreviver, para nos organizar em grupos, para trocar informações, para nos desenvolver e evoluir, além de satisfazer aos nossos anseios. Imagine sua vida sem a comunicação, como ela seria?

O ser humano é complexo, se transforma, se adapta e cria novas experiências, novas formas de viver, de se relacionar, de se comunicar. Vamos falar aqui de comunicação, uma área extremamente importante e relevante. Agora, com o advento da evolução tecnológica, esse processo ficou ainda mais dinâmico.

Nossa comunicação se inicia no ambiente intrauterino, estudos revelam que a partir do terceiro mês de gestação o bebê começa a ouvir a voz da mãe, mas antes disso ele já capta vibrações dela. Nessa fase a comunicação é basicamente entre mãe e filho. Inevitavelmente, todas as mudanças fisiológicas que a mãe sofre o bebê sente, tais como alteração do batimento cardíaco, da pressão arterial e do humor. Com o passar da gestação, o bebê consegue identificar a voz da mãe. Esse é um grande ponto de conexão entre eles e isso vai gerar um conforto depois do nascimento.

Nos primórdios da existência humana, a comunicação era feita por meio de gestos, grunhidos e sem registro. Surgiram as pinturas nas cavernas, os primeiros registros. Com o passar dos tempos, a necessidade de se comunicar aumentava, o ser humano começou a desenhar seu dia a dia, os animais, os objetos, a caça. A comunicação foi evoluindo e aproximadamente há oito mil anos surgiram as primeiras escritas, ainda nas paredes das cavernas. Um exemplo da necessidade de registrar pensamentos, descobertas, maneira de viver e de se portar.

O processo de comunicação é muito abrangente, tem várias formas, as mais comuns são: a fala, a escrita e a comunicação não verbal. Ela tem basicamente três pilares: o emissor, a mensagem e o receptor.

A forma de se comunicar evoluiu muito, sempre com base na necessidade do ser humano de se expressar cada vez melhor e para mais pessoas. Essa evolução passa pela forma de transmitir a mensagem, quais os meios utilizados, do início nas paredes das cavernas, passando pelas cartas, livros, evoluindo para os jornais, rádios, televisão e hoje com os meios digitais, todas com o propósito de registrar nosso dia a dia e perpetuar a nossa história.

Na minha visão, outro propósito de qualquer comunicação é o de convencer o receptor a partir da mensagem do emissor. Um grande exemplo disso é o CHORO do nascimento, em geral o primeiro grande momento na comunicação de um ser humano, é uma expressão de todo o desconforto e dor enfrentado por ele. Quando o bebê para de chorar, ele está "dizendo" que a dor e o desconforto passou, e assim sucessivamente, e o que na essência ele está fazendo, convencendo a mãe de que ele está querendo algo, como vimos é com a mãe a primeira conexão do filho. Basicamente, nos primeiros meses após o nascimento, é uma comunicação que os psicólogos chamam de "manhês", aquela fala toda meiga e dengosa que a mãe tem com seu bebê. Com o crescimento do bebê, ele vai fazendo novas conexões com outras pessoas e por consequência amplia a forma e maneira de se comunicar. Um ciclo de mais conexões, pensamentos, cotidianos e formas de viver, criações, invenções, fatos, revoluções. E o que significa? Mais e mais conhecimento.

Tudo isso se soma a nossa forma de comunicar, mas é importante ter sempre em mente que a melhor comunicação é aquela em que a mensagem transmitida chega bem, é entendida e sentida pelo receptor.

Listo aqui o que considero, com base em minha experiência, os sete passos que podem garantir bons resultados:

### 1.Empatia <–> Conexão

Seja empático. Sem dúvida, quando você se coloca no lugar da outra pessoa você terá mais sucesso. Significa que você deve pensar como o outro, como ele irá se sentir e reagir a determinada situação e isso faz toda a diferença. Assim você consegue fazer a "conexão" com quem esta se comunicando. Tudo, absolutamente tudo, fica mais fácil e claro a partir da conexão. A comunicação flui melhor.

### 2.Tenha coesão

Seja coeso, fale aquilo que tem a ver com suas atitudes, uma boa comunicação tem que ter coerência entre aquilo que você está falando e suas ações. Nunca tente passar uma mensagem ou pensamento que não é efetivamente a sua maneira de agir.

### 3. Escute

Seja um bom ouvinte. Saber ouvir é fundamental para uma comunicação eficiente, escute mais do que fala, se você não ouvir a comunicação, tende a se tornar unilateral. Quanto mais você escuta, mais informações você terá e será mais assertivo.

### 4. Pergunte

Faça perguntas pertinentes, no momento certo, sem interromper. Dessa forma, você irá conseguir mais informações e por consequência interage melhor.

### 5. Clareza <-> Objetividade

Seja claro, busque sempre ser objetivo, fale de maneira que seu ouvinte entenda e não deixe margem para interpretações erradas, seja simples e direto.

### 6. Disponibilidade <-> Atenção

Seja disponível, preste atenção na comunicação, não disperse. Um dos grandes problemas de hoje em dia é que as pessoas não têm paciência para dar a devida atenção ao outro. Quer coisa mais desprezível do que alguém ver o celular ou fazer outra coisa enquanto você fala com ele? Evite essa situação, mas, se for imprescindível, avise, interrompa, resolva e volte com toda disponibilidade e atenção.

### 7. Expressão corporal

Reconheça a comunicação não verbal. Numa comunicação "cara a cara" é importantíssimo nos atentarmos aos sinais faciais, tom de voz, gestos, olhares, posição das mãos, dos braços, eles falam muito sobre o nosso ouvinte, fique atento.

Obviamente que nem todos possuem todas essas características, mas elas podem ser desenvolvidas, treinadas e aperfeiçoadas. O que, de fato, todos nós possuímos é uma "marca pessoal" na comunicação. Cada um tem uma maneira de se comunicar e isso faz toda a diferença. A marca pessoal é única. O que quer dizer que tem a ver com cada indivíduo, suas crenças, cultura, formação acadêmica, suas experiências e, principalmente, com seu autoconhecimento.

A maioria das pessoas não dá valor a essa marca pessoal, na realidade, por não conhecer, não saber qual é a sua. Só existe uma maneira de identificar, que é por meio do autoconhecimento.

## O poder do ser humano

Não adianta nada você desenvolver e se aperfeiçoar naqueles "sete passos" que comentei e não se atentar a sua marca pessoal. Quanto mais você se conhecer, melhor será sua vida e consequentemente sua comunicação, permita-se conhecer a si mesmo, procure se desenvolver.

Sócrates dizia: "Homem, conheça a ti mesmo". Esse processo de autoconhecimento deve ser constante, é um processo interno e, na maioria das vezes, dolorido. Ele vai revelar as características da sua personalidade, seus limites, seus valores, suas crenças, e vai permitir a você ressignificar o que o trava, o prende e não permite que mude e melhore.

Nossa marca pessoal também tem relação com nossas experiências. Elas são fundamentais para nosso desenvolvimento, para nosso autoconhecimento, e aqui falo de todo tipo de experiência. Você já parou para pensar o quanto, por exemplo, uma viagem pode proporcionar novos conhecimentos sobre culturas, maneiras de viver, crenças, ideologias, culinária, hábitos e quanto isso pode abrir sua mente e ajudá-lo a se desenvolver.

Por outro lado, cada atividade que fazemos também é uma forma de nos expressar. São várias: profissão, esporte, culinária, música, canto, dança, cinema, teatro, religião. Cada uma delas ajuda a nos relacionar com as pessoas, ou seja, sempre que estamos nos relacionando estamos comunicando.

Quando a comunicação em massa é atividade principal, como na minha experiência, posso afirmar que existem alguns objetivos: informar, entreter, educar e vender. Mas, qualquer que seja o objetivo, só fará sentido se o propósito for resolver uma dor, um problema de sua audiência. Sempre me pergunto: "O que essa informação vai mudar na vida das pessoas?". Se não tem esse propósito, não é eficaz.

É extremamente importante que o veículo de comunicação de massa tenha a capacidade de passar uma informação relevante, que possa mudar a vida, dar respostas e passar conhecimento para a evolução das pessoas.

### Comunicação contemporânea

O volume de conhecimento e de informações é cada vez maior. É impossível saber e entender de tudo. Levando isso em conta, é função do curador identificar o que é relevante em determinado assunto. Você pode não perceber, mas em todas as atividades existem curadores. Pensadores, filósofos, cientistas, educadores, professores, jornalistas, formadores de opinião e influenciadores digitais são apenas alguns exemplos, dentre tantos outros. Cada um com a sua missão.

Vivemos hoje um bombardeio de informações, de notícias de várias formas e por vários meios. Tudo muito rápido, instantâneo, e isso tende a nos tornar reféns de uma necessidade de estar sempre bem informados e atualizados em todos os assuntos. O que é uma "loucura". E ainda há as *fake news*, ou seja, além de termos que identificar o que é relevante, precisamos ainda checar o que é verdade ou não. Nesse contexto, na minha opinião, os curadores têm um papel fundamental na sociedade. Quem são seus curadores? Quais são suas fontes? Em quem você acredita, confia? É fundamental que você tenha certeza de que seu curador, seja ele uma pessoa, uma empresa ou uma entidade, tenha credibilidade e trabalhe com informações verdadeiras.

Acredito que nunca o jornalismo foi tão essencial nas nossas vidas como nos dias de hoje. O grande desafio do jornalista é se comunicar com isenção, ética e imparcialidade, retratando a realidade dos fatos, sempre ouvindo os envolvidos. Ele deve abastecer as pessoas de informações, respondendo às perguntas: Quem? O quê? Quando? Como? Onde? Por quê? A partir dessas respostas, você vai tirar suas próprias conclusões, dentro do que considerar relevante. O jornalismo deve expor a verdade, contar o que está acontecendo e o que pode mudar na vida das pessoas. Outro fator importantíssimo é que numa democracia o jornalismo tem um papel fundamental de fiscalizador, de ser os olhos e ouvidos da população. Para isso, a liberdade de imprensa tem que ser respeitada, assim como o sigilo da fonte.

Outra forma de informar é por meio do *marketing*, só que com uma visão da verdade de quem está propagando a mensagem que deve ser bem assertiva. Em qualquer narrativa de *marketing* vamos encontrar elementos que despertam interesse, desejo, informam qual dor que a marca, produto ou serviço resolvem na sua vida. A essência é a de convencer sua audiência de algo, e para convencer a comunicação deve passar credibilidade, informação correta, precisa. Você deve acreditar, confiar na marca. Confiança é uma palavra-chave numa comunicação, ela quebra uma série de barreiras. Normalmente você constrói essa confiança a partir do momento que você entrega aquilo que prometeu. Lembra quando falamos de sermos coesos?

Com o advento da evolução tecnológica, hoje, mais do que nunca temos, um empoderamento do indivíduo, fazendo com que ele seja o comunicador de sua própria história, sem intermediários,

## O poder do ser humano

o que é maravilhoso. Com as redes sociais qualquer pessoa pode ser um influenciador digital, basta que ele comunique coisas que façam sentido para outra pessoa, que seja uma referência, tenha credibilidade. O ser humano tem curiosidade de saber da vida do outro, de como ele se porta, se veste, o que come, seus hábitos. Há uma necessidade de referências para se espelhar, mas novamente aqui a comunicação tem que ser verdadeira.

O ser humano é muito complexo, poderoso e potente, mas acredito que a essência é a mesma, sempre buscando uma forma de evoluir, viver mais e melhor. Como vimos, a comunicação é fundamental. Sem ela não existe interação, conexão, relacionamento, vida em grupo, em sociedade. Ela é a forma de unir as pessoas, independentemente do tempo e do espaço. Tenha em mente que a maneira com que você se comunica é fundamental na sua evolução, no seu crescimento, e que sempre na comunicação temos que ser convincentes e resolver a dor do outro.

Seja a solução para o outro, busque o autoconhecimento, viva novas experiências, seja empático, coeso, seja feliz.

## Capítulo 15

### Coaching: um processo de abundância e prosperidade

**Rosimeire Souza**

O mundo norteia o sentido de prosperidade de forma a nos fazer pensar em bem-estar material, contudo prosperidade significa também a abundância em qualquer área da vida e há muito mais em jogo do que trabalho e foco. Pode-se, sim, estar fazendo a coisa certa, mas deixando de aproveitar ou enxergar algumas oportunidades. O processo de *coaching* esclarece e ressignifica o conceito de prosperidade.

## Rosimeire Souza

Graduada em Fonoaudiologia pela UNIPAC (Universidade Presidente Antônio Carlos-Barbacena MG). Pós-graduada em Audiologia pela FEAD Belo Horizonte, MBA em Gestão de Projetos pela FEAD. Formação em *Life*, *Leader* e *Master Coach*. Empresária, consultora e palestrante na área de saúde ocupacional, com ênfase em implantação do Programa de Conservação Auditiva.

**Contatos**
rosifono@oi.com.br
(31) 99398-2244

Inicio esta reflexão com um questionamento, abrindo-a a uma exposição que intenciona fazer pensar a partir do testemunho pessoal de experiências que me levaram ao esclarecimento de abundância e prosperidade. Estas linhas de abertura do capítulo não têm a pretensão de esgotar o assunto, tampouco ser um paradigma estanque, mas tão somente refletirmos o significado da abundância e da prosperidade e a forma de seu alcance, enquanto tomado de empréstimo o ponto de vista das leis universais, em específico das sete leis espirituais observadas por Deepak Chopra.

A grandeza do tema fala por si mesma, posto que trate da vida e sua relação com a plenitude de criação. Sim, pois, ao realizarmos nossos sonhos, nossos objetivos, nós os materializamos a partir do mundo das ideias. Tornamo-nos criadores ao reconhecer que nossa história se tornou um hábito ou vício comportamental de acordo com as crenças e valores.

Então, inicialmente pergunto: há um caminho que se possa dizer unicamente eficiente para o alcance da prosperidade? Ou muitos são os caminhos válidos a nos levarem à consecução do objetivo, no caso, viver uma vida abundante e próspera?

Pois bem, antes de tudo, parto do princípio em revelar que tomo por fundamento para esta reflexão reconhecer o equilíbrio advindo das leis universais, por sua natural ação criadora no mundo. Justifica-se tal atitude, afinal, para assumir a liderança sobre si mesmo e desfrutar do presente tomando as rédeas da situação. Nesse processo é eficiente utilizar as ferramentas do *coaching*. Pois nos ajuda a identificar e mensurar onde há excessos ou ausências.

Mas, sobretudo, em específico a ser extraído para esta reflexão, porque contido nas leis universais, é na observância do equilíbrio enumerado pelas sete leis espirituais do sucesso, refletidas por Deepak Chopra, que tomo de empréstimo o fundamento necessário para o reconhecimento do equilíbrio no processo de criação ao qual refletiremos. Elas nos fornecem as bases que servem de parâmetro para os possíveis ajustes que venham a ser identificados durante o processo de busca da prosperidade, resultando na necessidade de sua aplicação para que lacunas sejam preenchidas ou excessos sejam lapidados a termo de sua utilidade; mas se necessários, extirpados.

Vale ressaltar o reconhecimento fundamental do processo de *coaching* como poderoso aliado para a identificação de tais lacunas e de crenças limitantes. Dessa forma, conta-se com o apoio especializado para que descobertas (ou mesmo redescobertas) surjam do interior daquele que busca seu objetivo, traduzidas em especialidades e capacidades que antes nem mesmo eram levadas em consideração.

Pelo processo de *coaching*, determinado o objetivo, conhecidas as capacidades e as oportunidades presentes, assim como reconhecidas as crenças que se mostrem limitantes para o avanço que se deseja, e a partir de então trabalhadas em favor de sua reversão, estabelece-se o foco correto em face da clareza do quadro pessoal, e como ferramenta reconhecidamente eficaz para se alcançar o objetivo, inicia-se o cumprimento das etapas de início, meio e fim. Cumpre salientar, por resultado paralelo – tanto se solidifica o pavimento que se está construindo, quanto conduz o *coachee* a um estado de progressão que poderá resultar em evolução mental, espiritual e pessoal, portanto, beneficiando-se do alcance do objetivo principal, mas também da (re)construção da personalidade envolvida nesse processo. A busca de um objetivo profissional poderá também trazer resultados positivos para os aspectos mental, espiritual e pessoal.

Aqui, de pronto, esclarecemos a pergunta que fechou os questionamentos do início dessa reflexão. A prosperidade e a abundância podem ser os objetivos a serem buscados para modificar uma vida que esteja em escassez de alegria, de propósitos, de saúde, ou mesmo pela dificuldade de se estabelecer relacionamentos. A identificação de tais carências e o trabalho pela abundância e prosperidade nessas áreas resultam em uma vida equilibrada e feliz, desencadeando um processo de influência positiva em todas as outras.

A busca da prosperidade e da abundância requer um esforço a todo custo? Não importam os esforços despendidos para o seu alcance, desde que éticos? Ou há algo a mais nessa empreitada que pode trabalhar a nosso favor, desencadeando um processo de equilíbrio e alcance ainda não considerado?

A primeira lei espiritual de Deepak Chopra se denomina Potencialidade Pura. Pergunto: o que em um processo de *coaching* se identifica primeiramente senão as potencialidades presentes ou ausentes a serem trabalhadas em favor do objetivo? Assumindo a liderança sobre si, com foco e determinação, você consegue chegar aonde quer e usando as ferramentas necessárias para atingir suas metas.

Foco é a palavra de ordem nesse contexto, tanto quanto é conhecidamente necessário dentro do processo de *coaching*. Conhecidas as vertentes que se têm à disposição, assim como as capacidades e reconhecidas as oportunidades, o trabalho de *coaching* se inicia naturalmente, tendo o foco por estrutura que demanda a energia despendida para o percurso rumo ao objetivo. Cumpre dizer que tal energia não se deve originar tão somente na ideia de esforço, fazendo-o a qualquer custo. Há amor envolvido nesse processo. Tal energia deverá provir, portanto, do coração, onde se encontra a força correta para se despender a energia ajustada que se faz necessária ao foco, consequentemente para as etapas do percurso.

Assim, expondo-se toda a diretriz que fundamenta o processo de *coaching*, reflexo do que se mostra inclusive na mencionada lei de potencialidade pura, também o é no que concerne à quinta lei espiritual do mesmo autor, qual seja a Lei da Intenção e do Desejo. Assim, ele afirma: "Inerente a toda intenção e desejo, está a mecânica para a sua realização. E quando colocamos uma intenção no campo da pura potencialidade, colocamos esse poder organizador infinito para trabalhar para nós". Por isso as informações do processo de *coaching* são importantes para o trabalho que se realiza para descobrir e/ou potencializar capacidades inerentes a cada um de nós.

Ao refletirmos sobre os aspectos envolvidos para a boa e adequada utilização do foco, objetivando a consecução de algo nobre, nos vemos alinhados à segunda lei espiritual a que nos permitimos empréstimo por fundamento de nossa reflexão, qual seja, a Lei da Doação. Por ela, percebe-se haver no universo um sistema de permuta que movimenta e permite a permanência de toda vitalidade existente. Dar e receber. Um coração que se permite doar-se durante o processo de busca de abundância e prosperidade, auxiliados pelo processo de *coaching*, gera uma energia que se expande, voltando em grande quantidade para o próprio doador. Nesse simples processo de doação já se pode encontrar a abundância que se busca e a prosperidade que se espera.

Por isso a observação também à quarta lei espiritual de Chopra, que ao alertar da inteligência que alcança resultados sem o menor esforço, porquanto a partir do momento em que cria movida pela existência em si e também o faz pelo equilíbrio entre todas as coisas, não desperdiça energia, ao contrário, multiplica o estado desejado, produzindo um excedente que nasceu da harmonia que moveu todo o processo.

Nesse processo, e aqui ressalto mais uma das atitudes que experimentei presenciar resultados além do desejado em minha própria vida, e também na de meus clientes, que adverte a não adotarmos pensamentos que ora sejam positivos, ora negativos, oscilando como as ondas do mar. Que ao longo de todo o processo de *coaching*, a par do foco que mantém a mente alerta, tenhamos os pensamentos mantidos positivos para seguirmos rumo aos propósitos, com firmeza, disposição e energia positiva.

A abundância, quando compreendida por um estado existencial, pode, assim como a prosperidade, tornar-se ao mesmo tempo a resultante que caracterize diversas áreas de nossas vidas, a exemplo da felicidade como estado de espírito, da saúde como resultante de uma vida plena em relação ao equilíbrio das leis universais. Mas cumpre dizer que também a abundância se apresente como força-motriz para gerar novas abundâncias, alcançar novas plenitudes, proporcionar novas formas de prosperidade. Cumpre lembrar que o compartilhar com generosidade torna-se um gatilho natural para a devolução de mais prosperidade, de mais abundância, tantas vezes mais que chega a ser impossível saber quando irá cessar o seu retorno.

Falemos, portanto, de paradigmas e crenças, esses que podem ser incentivadores de nossas vitórias, tanto quanto obstáculos que se mostrem intransponíveis à primeira vista, mas que podem e devem ser modificados em favor de uma vida plena, próspera e abundante. O que impede o avanço de alguém rumo à realização de seus sonhos e dos seus objetivos? Crenças que limitam a mente e a reação humana no lugar da ação, em desfavor de si mesmo. Muitas pessoas desconhecem suas potencialidades, seus sonhos e propósitos. Portanto, desvincular-se de paradigmas comportamentais, ver e rever sua própria história ajuda a buscar novas possibilidades na realização dos seus sonhos.

O processo de *coaching* tem todas as ferramentas para reverter esse quadro e a experiência mostra o quão bem-sucedido tem sido, desde que o *coachee* esteja disposto a cumprir as metas identificadas.

Permanecer estagnado, preferindo desconhecer a si mesmo, o retorno não será outro que a própria estagnação, muitas vezes extensiva a familiares e/ou dependentes que estejam sob sua responsabilidade. O contrário também é verdadeiro. Produzindo alegria, esperança, tomando iniciativas que gerem resultados frequentes, não se pode esperar outra situação que não a da bonança, da abundância e da prosperidade.

Por isso, a importância de se fazer uma pausa para observar todas as engrenagens que nos circundam ou caracterizam como pessoa, a fim de reconhecer suas influências sobre nós e sobre os demais aspectos de nossa vida, seja social, familiar ou profissional, e assim buscar saber quais dessas engrenagens estejam funcionando bem, quais delas precisam ser reparadas ou substituídas, ou mesmo se todo o mecanismo deva ser aprimorado e até mesmo substituído por outro que se mostre eficiente na consecução dos resultados esperados, sobretudo demonstrando eficácia em cada fase do processo que se pavimenta rumo à produtividade do objetivo. O processo de *coaching* é a ferramenta ideal para tanto. Rápida e eficaz, produz resultados eficientes.

Da mesma forma, ainda nesse aspecto de como nos tornamos responsáveis por nossos resultados, eles que são consequência de nossas decisões, trago à reflexão o aspecto ressaltado pela sexta lei espiritual de Deepak Chopra, qual seja a Lei do Distanciamento. Por ela devemos entender que, assim como podemos nos sentir presos ao passado, podemos nos libertar dele tão somente, no entanto, mais que isso, pela mesma liberdade – que é apenas uma questão de escolha, e não duvide disso – podemos nos lançar rumo ao futuro, ao desconhecido, onde todas as possibilidades estão à disposição para serem acessadas.

O universo, ou melhor, a inteligência que o permeia e constitui, age, segundo Deepak Chopra, por intermédio dessas sete leis espirituais, a que me permito tomá-las por universais, e tendo em vista tudo estar ligado entre si, caso haja um mínimo desequilíbrio em todo o contexto, a plenitude que se espera, deixa de acontecer.

Juntamente ao processo de *coaching*, com suas sólidas ferramentas capazes de extrair o melhor de seu cliente, ao nos colocar em harmonia com esse conhecimento, proporciona a materialização dos nossos desejos, pois trata-se de um processo de criação que toma por base as leis que regem a natureza e lhe proporciona equilíbrio, inclusive restauração – a que me permito estender à reinvenção, com respeito às devidas proporções semânticas – considerando primeiramente o próprio processo de criação.

Por fim, restou-nos a sétima lei, a saber, a Lei do Propósito de Vida. Sim, pois, está além de irmos e satisfazermos apenas a nós mesmos, ainda que tenhamos todo o direito de começar por nós

## O poder do ser humano

para poder ajudar aos outros. Afirma Deepak Chopra: "Todos têm um propósito na vida. E quando misturamos esse talento com o serviço aos outros, experimentamos o êxtase de nosso próprio espírito, o que é objetivo último de todos os objetivos".

Enfim, é como pretendemos refletir em favor de uma vida abundante e próspera, plena de sentido, certos de que deixamos também as entrelinhas repletas por reflexões, haja vista os desdobramentos inerentes a cada aspecto, levando-nos por meio do processo de *coaching* à necessidade de nos reconhecermos e clarificarmos a essência de nosso verdadeiro eu.

Assim, começando conosco, com coragem de enfrentarmos nossas estagnações e medos, auxiliados pelo processo de *coaching* a nos despertar para a certeza de que podemos e devemos viver os nossos sonhos, desejos e objetivos, criaremos um mundo melhor, mais próspero e certamente abundante em todos os sentidos positivos da vida.

## Capítulo 16

## Coaching empreendedor

### Simone Monteiro Cardoso

Neste capítulo, mostro a contribuição das ferramentas Plano de Negócios e *Canvas* no processo de *Coaching* Empreendedor pelos relatos de dois casos. As ferramentas nesta abordagem podem ser aplicadas na condução da empresa com melhor *performance* do empreendedor e de resultados positivos no negócio, evidenciando uma gestão de sucesso.

## Simone Monteiro Cardoso

Mestre em Administração, Educação e Comunicação (2010). Turismóloga. *Coach* empreendedora. Consultora nas áreas de Turismo, Hotelaria, Empreendedorismo e Plano de Negócios. Docente universitária há 14 anos nas áreas de Turismo, Hotelaria, Empreendedorismo, Plano de Negócios, Gestão Empresarial e Relações Interpessoais. Experiência em Treinamento e Consultoria em Turismo, Hotelaria e Empreendedorismo.

**Contatos**
professorasimonemc@gmail.com
(13) 97407-8950

### *Coaching* empreendedor e a diferença entre *coach* e consultor

Pela prática de negócios adotada atualmente, enfatiza-se a criação e formalização de negócios e diversos profissionais trabalham com esse foco, dentre eles o *coach* e o consultor. Para tanto, precisamos distinguir o *coach* empreendedor de um consultor de negócios.

Catalão e Penim (2013) explicam que o *coaching* é um processo de cocriação de oportunidades a partir de um processo que visa a autoconsciência, aliada à definição de objetivos e metas com a execução de planos de ação.

Assim, o *Coaching* Empreendedor é uma parceria que auxilia no desenvolvimento do potencial direcionado para o sucesso na condução de uma nova empresa ou reposicionamento de negócios no mercado.

O *coach* atua no acompanhamento profissional do *coachee* para o alcance de seus objetivos e metas, conduzindo-o a partir de ferramentas e técnicas que contribuirão para a melhoria da *performance* na gestão do negócio.

Já o consultor possui ampla experiência e conhecimento técnico em sua área de atuação, e oferece uma análise situacional, opinião ou parecer com o foco de oferecer solução ou suporte à decisão no negócio.

Para Catalão e Penim (2013, p.5), "O *coach* não ensina, o *coach* facilita [...]". Não podemos confundir o consultor com o *coach* empreendedor, pois o primeiro atua em soluções pontuais, já o segundo acompanha um processo de alcance de objetivos que vai além de apenas um aspecto empresarial, abrange o lado pessoal para o alcance de objetivos, com foco na *performance*.

Nesse contexto, enfatiza-se que os profissionais precisam apresentar características empreendedoras para gerir sua própria vida profissional, seja em uma empresa ou em seu próprio negócio.

Para trabalhar as características empreendedoras, foi proposto o curso denominado Empretec, com base no trabalho de David

McClelland (1961), que identificou em empresários de sucesso aspectos psicológicos. Assim, o Empretec foi elaborado com estrutura que aborda as características frequentes de empreendedores de sucesso, sendo consideradas 40 habilidades que são trabalhadas na prática com a construção de plano de negócios durante um curto espaço de tempo, em torno de nove dias.

### Plano de negócios e Canvas como ferramentas do *Coaching* Empreendedor

Além das ferramentas utilizadas pelo *coach* para trabalhar os aspectos comportamentais do *coachee*, no processo de Coaching Empreendedor podem ser empregadas duas ferramentas destinadas a empresas: Plano de Negócios e Canvas.

O Plano de Negócios, conforme Dornelas *et al.* (2010), é o início e a consolidação do processo empreendedor.

Para a estrutura do plano de negócios, Aidar (2007) sintetiza quais conteúdos deve conter: Aidar (2007, p. 75-82): descrição geral do negócio, produtos e serviços que serão comercializados, plano de *marketing*, plano de gestão e operacional, plano financeiro, plano jurídico.

Já o Canvas é uma ferramenta desenvolvida posteriormente, em 2009, que auxilia na elaboração de um mapa do negócio para direcionar o empreendedor. Propõe a distribuição em nove componentes que analisam como o negócio pode agregar valor. Osterwalder (2011, p.15) explica o formato do Canvas:

> Os nove componentes cobrem as quatro áreas principais de um negócio: clientes, oferta, infraestrutura e viabilidade financeira. O modelo é um esquema para a estratégia ser implementada através das estruturas organizacionais dos processos e sistemas.

O *coach* não atua como consultor do negócio, pois sua função é acompanhar o desenvolvimento pessoal e profissional do *coachee*.

Outro aspecto importante no processo de *coaching* empreendedor é a inteligência emocional do *coachee*, pois o que fará a diferença é a capacidade de focar nos objetivos e buscar as respostas que faltam para o profissional e o empreendimento. O *coaching* poderá avaliar as condições emocionais e direcionar às reais possibilidades. De acordo com Coelho (2016, p.41):

O processo de *coaching* é constituído de uma vasta gama de ferramentas que torna a vida das pessoas mais descomplicadas, atuando no enaltecimento de seus potenciais e no desenvolvimento dos pontos de melhoria.

Para abordar o aspecto emocional, a inteligência emocional é utilizada para analisar a potencialidade das pessoas para conseguirem interagir com as situações imprevistas.

O precursor a analisar a inteligência emocional nas organizações foi Daniel Goleman, que classificou o conceito como a capacidade de pessoas para dirigir a si mesmas e seus relacionamentos.

Veremos a seguir dois exemplos de uso dessas ferramentas no *Coaching* Empreendedor: sócio proprietário de bar e profissional de visagismo (o conjunto de técnicas usadas para valorizar melhorar a imagem pessoal com foco na beleza de um rosto pela concepção harmônica entre a maquiagem e o penteado).

### Casos de reestruturação do negócio a partir do Coaching Empreendedor

Além do foco nas ferramentas tradicionais do empreendedorismo, foram utilizadas algumas ferramentas de *coaching*, a partir de técnicas comportamentais, como: roda da vida, perdas e ganhos, *swot*, campo de força, assumir riscos, inteligência emocional, linha do tempo, missão e propósito. São explanadas as técnicas utilizadas:

**Roda da vida:** ferramenta que permite definir uma imediata visualização de como se encontra o equilíbrio entre os diversos aspectos da vida, permitindo a reflexão do nível de satisfação em cada uma das áreas.

**Perdas e ganhos:** como foco na tomada de decisão do *coachee*, baseia-se no preenchimento de quatro quadrantes: 1 - O que você ganha se tiver isso? 2 - O que você perde se tiver isso? 3 – O que deixará de ter se optar por não seguir em frente? 4 – O que vai passar a ter se não tiver mais a condição em questão?

**Swot:** avaliação dos pontos fortes e pontos fracos, as ameaças no meio exterior e as oportunidades no ambiente em que atua.

**Campo de força:** diagnostica situações de vida, com foco em visualizar o estado atual e desejado a partir da correlação das forças internas e externas que o envolvem e, assim, executar um plano de ação para a mudança e alcance dos resultados.

**Assumir riscos:** ferramenta de continuidade, baseia-se na capacidade de definir quais riscos poderá assumir, visualizando as possíveis consequências.

**Inteligência emocional:** auxilia o *coachee* a tomar consciência da influência das emoções no seu cotidiano pessoal e profissional e auxilia na gestão das emoções pela identificação de padrões emocionais e de comportamento.

**Linha do tempo:** técnica usada para ajudar o *coachee* a tomar consciência das etapas e acontecimentos de sua vida, permitindo identificar momentos em que ocorreram mudanças significativas na história pessoal e/ou profissional e que refletem no seu presente.

**Missão e propósito:** auxilia na definição da missão do *coachee* a partir da reflexão sobre a sua essência e propósito de vida, considerando os fatores motivacionais que o levam a querer lutar por algo, uma mudança de vida, ou alguma conquista específica pessoal ou profissional.

Essas ferramentas foram utilizadas no processo de *coaching* dos dois exemplos relatados, em consonância ao uso do plano de negócios e *Canvas*.

**P.O., sócio proprietário de um bar localizado na Costa da Mata Atlântica**, abriu o negócio e decidiu iniciar o processo de *Coaching* Empreendedor após seis meses, por apresentar problemas de comunicação com o sócio, não saber gerir a empresa, que perdia clientes e apresentava déficit financeiro.

Todas as problemáticas afetavam a saúde e o emocional do empreendedor, que já pensava em fechar o negócio.

Inicialmente, o *coachee* identificou que o segmento de atuação do negócio não estava bem definido.

A partir da sétima sessão de *coaching*, iniciou o plano de negócios e aplicou a análise *Swot*, concorrência, estudo de viabilidade, gestão financeira e de recursos humanos, marketing e planejamento, especialmente o financeiro que mostrou o quanto seria necessário investir para alavancar aspectos que ele ainda não havia percebido.

Após oito sessões de *Coaching* Empreendedor, ele decidiu por uma reforma no negócio, reposicionamento da estrutura e investimento em *marketing*.

Atualmente, o *coachee* está satisfeito com a gestão de seu negócio reinaugurou o bar com novo posicionamento, e isso garantiu maior procura pelos clientes, e esses passaram a mostrar-se mais satisfeitos com o atendimento do bar.

A partir do *Coaching* Empreendedor, ele redefiniu suas

prioridades e adotou ferramentas e técnicas para reposicionar o negócio com sucesso, aproveitando as oportunidades.

Na última sessão de *coaching*, ele relatou que conseguiu reverter o déficit nas finanças do negócio após a reabertura, tendo ainda 5% de lucro.

Outro aspecto é que o *coachee*, apesar de ter aberto legalmente o negócio, não possuía conta jurídica em banco, o que passou a realizar após o processo de *Coaching* Empreendedor, e atualmente consegue separar 10% do montante para fundo de caixa, futuros investimentos, e faz planos para daqui a 6 meses desenvolver um novo diferencial para ampliar a fatia de mercado e captar novos clientes para o bar.

O relacionamento com o sócio melhorou significativamente, também representou melhoria na gestão pessoal e do tempo, pois atualmente ele consegue dormir tranquilamente e planejar uma folga semanal, algo impensável no início do negócio e antes da reestruturação.

Portanto, o processo de *Coaching* Empreendedor representou ao *coachee* o alcance de seus objetivos e, mais do que isso, a realização do seu sonho, pois a idealização do negócio com sucesso era algo que ele almejava e hoje ele sente-se feliz, organizado e realizado no negócio e em sua vida.

**J.D. é formada em visagismo e possuía um salão de visagismo em cidade do Alto Tietê**, onde fazia tintura e corte de cabelo conforme perfil da pessoa, de acordo com análise prévia realizada pela *coachee* a partir dos objetivos do cliente, seja uma mudança pessoal ou profissional.

Porém, o local escolhido para abertura do negócio foi inadequado: por se situar no centro da cidade, é considerado inseguro para frequência após o horário comercial; além disso, o público da cidade não possui poder aquisitivo para arcar com os custos de um processo de visagismo, que varia entre R$ 200,00 a R$ 900,00, o que gerou um problema de demanda para a *coachee* no negócio.

Quando se deparou com o desafio, a *coachee* optou por participar de um curso de *coaching*, disposta a mudar de cidade para dar continuidade ao seu negócio.

Assim iniciou o processo de *Coaching* Empreendedor, no contexto do Plano de negócios, a *coach* ressaltou a importância da análise *Swot*, estudo de viabilidade, *marketing*, planejamento financeiro e pesquisa de demanda.

Assim, a *coachee* conseguiu identificar um melhor local para o negócio, que atrairia clientes com disponibilidade financeira para os serviços ofertados por ela, identificando potencial de mercado na cidade próxima.

Nas quatro primeiras sessões do *Coaching* Empreendedor, conseguiu elaborar seu Plano de Negócios, decidiu participar do curso Empretec. A *coachee* entendeu a importância do empreendedorismo, Plano de Negócios e *Canvas* como ferramentas para o sucesso do negócio.

Com essas ferramentas, conseguiu analisar o ambiente e definiu dois pontos atrativos para montar o negócio em nova cidade.

Outro aspecto que ressaltou foi o planejamento financeiro e de recursos necessários para estruturar o negócio, a minúcia para definição do capital inicial para abrir o negócio e discriminação de despesas fixas e variáveis.

A *coachee* não conhecia as ferramentas e não imaginava a relevância e contribuição delas para o conhecimento do negócio e do mercado, a complexidade e detalhamento dos aspectos a serem analisados, a pesquisa do público-alvo de acordo com o segmento do negócio, como forma de oferecer não somente um negócio, mas estabelecer o diferencial deste.

Para ambos, o processo de *coaching* forneceu um panorama amplo sobre a necessidade de mudança de aspectos emocionais e comportamentais na busca do empreendimento.

Ambos perceberam que não basta apenas conhecer o Plano de Negócios e o *Canvas*, é preciso transformar a ideia empreendedora em algo real, transformar o estado atual para o estado desejado, utilizando as ferramentas certas para alcançar resultados no negócio.

**Referências**

AIDAR, M M. *Empreendedorismo*. São Paulo: Editora Thomson, 2007.

CATALÃO, João Alberto, PENIM, Ana Teresa. *Ferramentas de coaching*. 7.ed. São Paulo: Lidel, 2009.

COELHO, A. *Os sete passos para adotar escolhas assertivas*. In: Percia, A.; Batista, L.; Sita, M. Coaching e autorrealização. São Paulo: Literare Books International, 2016. p.39-46.

DORNELAS, JCA, Timmons, JA, Zacharakis, A, Spinelli, S. *Planos de negócios que dão certo*. Rio de Janeiro: Campus/ Elsevier, 2010.

GOLEMAN, D. *Inteligência emocional: a teoria revolucionária que redefine o que é ser inteligente*. Rio de Janeiro: Objetiva, 2012.

MCCLELLAND, D. *The Achieving society*. New York: D. VanNostrand, 1961.

MCCRAW, T. *O profeta da inovação*. São Paulo: Editora Record, 2012.

OSTERWALDER, Alexander, PIGNEUR, Yves. *Business Model Generation: Inovação em modelos de negócios: um manual para visionários, inovadores e revolucionários*. Rio de Janeiro: Alta Book, 2011.

## Capítulo 17

**Ser mulher e ser melhor: como a inteligência emocional feminina pode mudar mentes e romper padrões**

Simone Salgado

O texto apresenta o conceito de inteligência emocional feminina e suas possibilidades de utilização como recurso para auxiliar mulheres a lidar com os desafios do dia a dia, tanto na vida pessoal como no ambiente corporativo.

## Simone Salgado

Empresária há mais de duas décadas na Filadélfia, Estados Unidos. Formada em International Business, pelo Manor College, *Master Coach* Integral Sistêmico pela Federação Brasileira de Coaching. Bacharel em Aconselhamento e mestranda em *Coaching* pela Florida Christian University, é autora de livros direcionados para *coaching*, inteligência emocional e desenvolvimento humano.

**Contato**
info@simonesalgado.com

Simone Salgado

Ser mulher é lutar. De manhã, de noite. A vida inteira. As condições – ainda – são desiguais, o que torna o combate mais difícil e desafiador. A mulher tem que cuidar do trabalho e da família, e por vezes precisa esquecer de si mesma, com consequências para sua autoestima e seu equilíbrio. Sem contar os estereótipos com que se defronta no ambiente corporativo.

Para enfrentar tudo isso, é bom buscar apoios que auxiliem numa luta tão desequilibrada. A inteligência emocional, desenvolvida por Daniel Goleman, já se mostrou útil a milhares de pessoas, ajudando-as a lidar com os percalços do cotidiano. Mas será possível falar de uma inteligência emocional feminina, com a adaptação desse conceito para a condição da mulher, tendo em mente os problemas específicos que ela enfrenta? Neste texto, detalhamos essa possibilidade, discutimos o assunto sob vários prismas e, ao final, apresentamos exemplos de ferramentas que podem ser usadas no trabalho de *Coaching* para desenvolver essa área.

### A armadilha da beleza e o perigo dos preconceitos

Entre os desafios que as mulheres enfrentam hoje está a armadilha da beleza inalcançável, que as prende a um padrão de comportamento enraizado no século passado. A sociedade apresenta à mulher a cobrança de mostrar-se linda durante 24 horas do dia, ao mesmo tempo que ela se desdobra para cuidar da família e se afirmar no mundo corporativo. E os relatos colhidos em nossa prática nos levam a concluir que exigências como essa fazem com que a relação das mulheres com o mundo, e sobretudo com o mercado de trabalho, seja afetada pela falta de inteligência emocional, a capacidade de lidar com aqueles que estão à volta e com as próprias emoções. Uma capacidade que tem efeitos diretos nas tomadas de decisão e na resolução de problemas, constituindo critério de avaliação profissional e social.

E se, como ensina Daniel Goleman, a inteligência emocional pode ser aprendida, é possível trabalhar com esse conceito direcionando-o para a condição feminina, como forma de ajudar as mulheres a lidar com seus desafios. Daí falarmos em inteligência emocional feminina, adaptando o conceito para a realidade da mulher, como recurso no trabalho de *Coaching*. Uma realidade com a qual tivemos contato em pesquisa realizada com mulheres com idades de 30 a 60 anos, a qual confirmou o quadro descrito acima, sobretudo no ambiente de trabalho, ainda marcado por diferenças de gênero.

O conceito de inteligência emocional enfatiza a percepção e o controle das emoções e dos sentimentos, permitindo avaliá-los e expressá-los de forma adequada, com efeitos no equilíbrio psicológico da mulher, fortalecendo-a e tornando-a mais feliz. Em nossos acompanhamentos, mostramos às mulheres que não é proibido ter sentimentos – ainda que muitos homens não aceitem isso no ambiente de trabalho –, mas que é fundamental saber lidar com eles. Sua má administração torna a pessoa vulnerável, o que pode resultar em estresse, depressão e extrema ansiedade. Dessa forma, enfatizamos para nossas clientes a importância de conhecer suas emoções e as emoções alheias. E também as convidamos a usar os recursos da inteligência emocional feminina no mercado de trabalho, marcado pelas recentes transformações sociais – das quais, diga-se de passagem, as mulheres foram protagonistas –, e no qual, hoje, já não basta ser inteligente ou ter formação acadêmica para alcançar o sucesso.

Ao lado da saúde e do trabalho, a inteligência emocional feminina é importante em outras áreas, como nos relacionamentos amorosos e afetivos, que, no caso da mulher em especial, passam pelos desafios do casamento, pelos cuidados com os filhos e pelo relacionamento com pais e irmãos. Diante disso, consideramos que não é possível tratar a inteligência emocional de homens e mulheres da mesma forma. Ainda que em 70% dos casos a maneira como se interpretam e se administram as próprias emoções possa ser igual para os gêneros masculino e feminino, as mulheres apresentam particularidades. A começar pelo aspecto biológico, já que as alterações hormonais durante os períodos pré-menstrual e menstrual devem ser vistas como influenciadoras do estado emocional. Além disso, fatores como preconceito e machismo geram uma condição opressora. A dificuldade de conciliar as tarefas domésticas e o trabalho é outro motivo de exclusão das mulheres.

Se levarmos em conta esse sistema em que a mulher é excluída ou colocada em condição de inferioridade, vamos perceber que é injusto tratar suas emoções da mesma maneira. Até porque, ainda que exista um discurso de igualdade de gênero e de garantia dos direitos femininos, as diferenças de tratamento entre homens e mulheres têm impacto decisivo na vida e no progresso das pessoas.

## O exercício de ser mulher

A questão da igualdade entre homens e mulheres foi e ainda é motivo de discussões. Mais que comparar homens e mulheres, o importante é iluminar o feminino e seu papel social. Do ponto de vista histórico, a cultura patriarcal e machista sempre colocou a mulher sob o controle do homem, sendo ela em toda a vida tutelada pelo pai, pelo irmão e pelo marido. Com a Revolução Industrial, muitas mulheres passaram a trabalhar fora, numa dupla jornada, sem que isso implicasse melhoria significativa de suas condições. O aumento da participação da mulher no mercado de trabalho nos últimos trinta anos, ao lado de conquistas em questões trabalhistas, políticas e sexuais, não foi suficiente, no entanto, para acabar com o preconceito em relação a elas, há ainda um caminho a ser percorrido, e as mulheres precisam contar com apoios para lidar com a desigualdade e a intolerância.

Em nosso trabalho de *Master Coach*, nos deparamos com frequência com a debilitação emocional de mulheres, sobretudo com idade acima dos 30 anos, casadas, com filhos e que trabalham fora por no mínimo 40 horas semanais, além de exercerem atividades domésticas.

A sociedade cobra dessas mulheres – assim como elas próprias o fazem – a responsabilidade de manter um relacionamento saudável com o marido. E elas se tornam inseguras no relacionamento devido a comparações que envolvem beleza e sexualidade. Não bastasse isso, elas se sentem responsáveis pelo direcionamento de cada um dos filhos, por acompanhar a evolução tecnológica, por aprender a entrar no mundo das crianças sem ferir sentimentos e sem se chocar diretamente com elas.

Muito se fala sobre o empoderamento feminino, entretanto esse parece impossível sem que as mulheres percebam quem realmente são por meio da autoconsciência e do autoconhecimento. É pouco provável que as mulheres alcancem uma definição clara do seu papel na sociedade, na família, no trabalho, e que acreditem ser possível livrar-se de amarras, como preconceitos, machismo e desigualdades, sem terem autocompreensão e automotivação para se entenderem como seres humanos.

O conceito de inteligência emocional nos ensina que as emoções são tóxicas, e que, se as mulheres passassem a realizar a gestão e o controle delas, teriam qualidade de vida superior e uma existência mais equilibrada, podendo influenciar positivamente as novas gerações.

## O poder do ser humano

Apesar das mudanças sócio-históricas e das conquistas obtidas, muitas mulheres ainda não se percebem como seres completos, sentem-se presas na corrida, não cruzaram a linha de chegada, não receberam seu troféu. Em certos casos, elas estudaram, se graduaram, trabalham e melhoram o padrão de vida, mas não se consideram realizadas, algo que ocorre por não compreenderem qual é seu verdadeiro papel no mundo. Identificar o que lhes é próprio e o que lhes é imposto pela sociedade soa ainda muito difícil para a maioria das mulheres. Aprender a distinguir entre o que ela deseja e o que a sociedade diz que deve desejar ou ser é um exercício.

A aparência é um fator que gera preocupação e interesse no cenário feminino. Muito se investe em tempo e dinheiro para atingir padrões de beleza femininos determinados pela sociedade e que tornam a busca por um corpo ideal e perfeito uma tortura, produzindo uma sensação de desconforto com a própria imagem.

Diante do cenário de desigualdades e de opressão à mulher vivenciado em diversos aspectos do cotidiano feminino, compreender a importância de aprender a elevar o nível de inteligência emocional torna-se imprescindível. Faz-se necessário trazer à tona vários fatos para que a mulher esteja consciente das suas conquistas. Quantas mulheres precisaram morrer ou entrar em embates para que hoje outras pudessem usar uma calça jeans? Quantas precisaram sofrer e lutar para que todas pudessem votar? Hoje, muitas mulheres se esqueceram de suas conquistas, não continuam a buscá-las, solidificá-las e valorizá-las. Novamente, destacamos a necessidade de desenvolver a inteligência emocional para conhecer as vontades e as imposições culturais impostas e se dissociar delas. A inteligência emocional se apresenta como uma ferramenta necessária para que as mulheres voltem ao seu eixo natural.

O que realmente acontece para que as mulheres não tenham oportunidades iguais ou mesmo a predisposição para ocupar os mais altos cargos de liderança? Há muitos fatores que prejudicam o desempenho profissional da mulher, assim como afetam suas relações sociais e familiares. O não amadurecimento emocional, por exemplo, causa dificuldades para desfrutar a vida em geral. Enquanto muitas mulheres deixarem de trabalhar a autoconsciência e continuarem se submetendo aos sistemas impostos, contentando-se com o papel de protegidas, fragilizadas e submissas ao homem, será ainda mais difícil encontrar um caminho para o seu empoderamento.

Uma das prováveis implicações para o afastamento das mulheres dos altos cargos de liderança pode ser a divisão das tarefas domésticas entre os cônjuges. Apesar das mudanças sociais e dos arranjos no âmbito familiar, continua recaindo sobre a mulher o maior peso, o de cuidar da casa e das crianças. Alguns desafios encontrados pelas mulheres no mundo corporativo estão relacionados com a capacidade de conciliar profissão e família. A dedicação da mulher ao trabalho é, normalmente, questionada pelas gerências e por recrutadores, em comparação à dedicação do homem. Elas são instadas a dizer se podem trabalhar em horário especial, fazer viagens de negócios, atuar em atividades extras, participar de congressos e convenções sem terem problemas com a família.

**Ferramenta para aumentar sua IEF (Inteligência Emocional Feminina)**

A seguir, apresentamos exemplos de ferramentas usadas em nossos atendimentos. Elas proporcionam mais clareza à mulher, permitindo-lhe compreender suas fraquezas e trabalhar para superá-las.

### 1) Construção da autoimagem positiva

A criação positiva da autoimagem possibilita que a mulher se liberte das concepções negativas a respeito de si mesma. Desenvolver uma autoimagem positiva que exige comprometimento, perdão, aceitação e coragem para enfrentar o passado e se reinventar.

*Como praticar*
**1.** Procure perceber mentalmente sua realidade atual e a associe a suas emoções. **2.** Na sequência, visualize uma imagem melhor do que a atual, ocorrida em um momento passado em qualquer área da vida. Associe essa imagem aos sentimentos e emoções vivenciados naquele momento. **3.** Crie então uma imagem de si mesma na qual se vê como a pessoa confiante em que deseja se transformar. **4.** Situe essa imagem num futuro próximo, num período de até seis meses. Veja como se sente nesse futuro. **5.** Com os olhos fechados, pense nos sentimentos e nas experiências do momento imaginado. **6.** Desenhe essa imagem, para que fique gravada. **7.** Faça esse exercício uma vez por dia, durante sete dias.

### 2) Reciclagem socioemocional

A ferramenta da reciclagem socioemocional identifica como a mulher se relaciona com os outros, com quem mais gosta de interagir, tanto no âmbito profissional como no afetivo, e quais são as pessoas com quem ela tem dificuldade para lidar.

## O poder do ser humano

*Como praticar*
**1.** Num papel, faça uma lista das pessoas com quem você se relaciona melhor. **2.** Em seguida, elabore uma lista daquelas com quem tem dificuldade para se relacionar. **3.** Procure então descobrir por que você tem problemas de relacionamento com elas. **4.** Enumere o que poderia modificar para ter um relacionamento melhor com elas. **5.** Se for o caso, faça uma lista de pessoas das quais você realmente precisa se afastar por elas estarem sendo nocivas em sua vida. **6.** Volte periodicamente a essas listas, para ver o que pode modificar nelas.

## Capítulo 18

## A arte de ser humano

**Wemerson Castro**

A vida é uma experiência incrível, todas as fases, desde a infância até a vida adulta nos levam a experimentar situações de aprendizagem que nos permitem o autoconhecimento. O olhar criativo para a vida também nos leva a expressar e olhar a vida a partir de uma perspectiva original. Este artigo apresenta formas e benefícios de ampliar seu olhar criativo e estar preparado para cumprir com seus objetivos.

## Wemerson Castro

*Master Coach* e *Trainer* em PNL. Tem atuado em diversas áreas corporativas e modernização de gestão em saúde pública, com experiências diversas em eventos específicos de desenvolvimento humano, ministrando treinamentos em Análise Comportamental, atuado como *Coach* e usado ferramentas da PNL para promover resultados e transformação de vidas. *Master Coach certified* Ehumanas, com Certificação Internacional pela Florida Christian University (EUA) e pelo WCC – World Coaching Council. *Certified Professional & Leader Coach, Master Trainer* em Análise Comportamental. *Master Practitioner* em PNL, Adm. Hospitalar. Desenvolveu a estrutura e modelagem da utilização da arte nos processos de desenvolvimento humano, como: Circo, Música, Teatro e *Clown*. Artista *Clown*, tem pesquisado sobre o uso da linguagem *clownesca* em diversas áreas da vida em prol do desenvolvimento verdadeiro e eficaz.

**Contatos**
www.castcoach.com.br
Instagram: wemersoncast / coachclown / castcoach
(34) 99145-3352 / (34) 99234-2929

"A arte de ser humano enobrece a vida."

Ser humano é uma dádiva que temos para aproveitar todos os recursos em prol das nossas conquistas. Quando crianças, vivemos as novidades de tudo o que se vê. A curiosidade toma conta da atenção desses pequenos seres e impressionantemente eles dão novas formas ao que até então era velho para o adulto. Conforme o ser humano passa por variadas experiências, novas possibilidades de ser criativo também surgem e, quando reunidas em grupo, essas experiências individuais tornam-se novamente inéditas, pois agregam um pouco de cada indivíduo na construção de uma nova experiência.

Você se lembra de quando brincou de pular corda a primeira vez? Apenas eram contados quantos pulos você conseguia fazer sem que a corda encostasse. Hoje, não é somente isso, mas uma sucessão de pulos, misturados com música, ritmos e lá se vão muitos anos em que tudo se torna novidade.

Crianças crescem, vão carregando uma série de informações encontradas nos dias da sua pequenez, e levando uma gama de valores e crenças diante das pequenas experiências vividas quando mais novas. E pode ser que esses valores e crenças consigam ativar nesses seres as possibilidades de avanços no seu mundinho ou limitá-los, ficando presos a um espaço sem descobertas.

Quando nos tornamos adultas, vêm os desafios de viver a essência do que aprendemos em nossa infância, de início temos que começar tomando decisões sérias que vão nos direcionar para o nosso futuro e, muitas vezes, não estamos preparados para tal responsabilidade, alguns se perdem pelo caminho do desânimo, ansiedade, e como perdidos no mundo, ficam estacionados em suas frustrações sem ao menos tentar modificar o hoje projetando um futuro melhor.

Há a necessidade de alinhamento neurológico que integram vários níveis de experiências que podem auxiliar na linda arte de viver.

**Ambiente:** assim como se pode verificar os ambientes em que vivia quando criança, é necessário também verificar o ambiente em que você se encontra hoje, para que tenha ideia do seu ambiente de ação. O ambiente em que se vive deve estar contribuindo para a resolução de problemas ou empreendimentos que cada pessoa decide.

**Comportamento:** valide quais são seus comportamentos no ambiente onde você está e/ou esteve. *"As pessoas são contratadas pelas suas habilidades técnicas, mas são demitidas pelos seus comportamentos."* – Peter Drucker. Quero generalizar essa citação de muita sabedoria para que se tenha condições de julgar também os comportamentos intrapessoais, onde se relaciona com o outro e, muitas vezes, pessoas são demitidas dos relacionamentos, por antes ter um comportamento diferente do que causou o afastamento.

**Capacidades:** verifique suas capacidades, como pode agir diante das experiências. Todos temos capacidades importantes na vida, e isso é desenvolvido conforme vamos ganhando experiências. E elas estão como recursos importantes nos afazeres do dia a dia, no processo de criação e até mesmo adequação de situações que nos rodeiam. Você pode olhar bem para si, descobrir capacidades que talvez nunca foram desenvolvidas e começar a usá-las a seu favor.

**Crenças e valores:** por que você faz o que você faz? O que rege sua vida? O que acredita sobre si? Quais valores estão em jogo diante de cada situação vivida? Aquilo em que você acredita também é um recurso importante para sua definição de pessoa, para sua identidade. E cada experiência vivida com intensidade é uma oportunidade para verificar bem no fundo do seu EU a sua grande essência, tomando aquilo para si como valores importantes diante do seu presente, para o futuro.

**Identidade:** quando você sabe quem é, fica mais fácil tomar algumas responsabilidades para si. A identidade de uma pessoa a deixa livre para escolher bem o que quer e para onde deve ir, pois aquilo que ela é constitui-se de suma importância. E isso se valida com autoconhecimento profundo e propósitos de vida.

Esses níveis regem sua vida de forma mais leve e criativa, pois quando você os lê, vão criando forma em sua mente, e você vai criando imagens que o cercam de experiências vividas e que, antes de identificá-los, sequer tinha condição de pensar.

A arte também é muito importante ao ser humano, ela é a beleza da vida que se vive, da forma que se dá à vida, e em situações diversas, é preciso usar a arte para que se pinte o novo e tudo se torne belo. Sem arte, não se cria, pois até no processo de criação houve beleza (arte). Gosto da ênfase que Robert B. Dilts dá ao livro de Gênesis. O autor trata a criação em vários níveis, onde se deixa claro o que foi criado, como foi criado e, ao final, vem a avaliação do que foi criado. Abaixo, deixo um trecho do livro *A estratégia da genialidade:*

As palavras poderosas e emocionantes do Gênesis nos contam a história da criação em vários níveis. Além de descrever o que foi criado, está descrito o processo como foi criado. Ali vemos a descrição dos pensamentos de Deus sob a forma de uma estratégia que inclui um certo número de etapas que se desenvolvem em um ciclo contínuo que se retroalimenta. A criação começa a partir de uma distinção – da criação de uma diferença. Esse primeiro ato leva a outro e, em seguida, a outro e depois outro – cada ideia estabelecendo o potencial para a próxima. Cada ato da criação inclui a reiteração de um ciclo que compreende três processos fundamentais:
1. Conceitualização – "E disse Deus: Haja..."
2. Implantação – "E Deus fez..."
3. Avaliação – "E viu Deus que era bom...

(*A estratégia da genialidade* – Volume I – Robert B. Dilts, p. 17.)

Nesses passos, percebemos que é possível, de forma consciente, viver a vida com arte e beleza. Seguindo o processo sugerido pelo Criador, podemos desenvolver nosso ser de forma a canalizar nossa vida para o sucesso pessoal e profissional.

## Mundo V.U.C.A.

O momento em que vivemos é marcante. Vou usar esse acrônimo para descrever um pouco dele. Existem desafios para o planejamento diante de tanta imprevisibilidade e que, às vezes, necessita-se ter por onde trilhar com criatividade e coragem. Veja a seguir.

**Volatilidade:** as coisas, as pessoas, tudo muda muito rápido e, com isso, não se consegue prever o que está para acontecer em apenas um dia de vida. Algo que antigamente era fácil prever, hoje se torna incerto, e dentro de tudo isso devemos estar prontos para lidar com o que não esperamos. Deve-se ter clareza do que se quer.

**Incerteza:** diante de todas as mudanças que acontecem de forma rápida, temos tido a desconfiança de um amanhã perfeito. Aquilo que fizemos ontem quase nada se aproveita hoje, e o que fizemos hoje possivelmente não será útil amanhã. A tecnologia, com os seus avanços, não nos deixa nem acostumar com a que temos hoje, e tudo o que temos entra em desuso.

**Complexidade:** são muitas as variáveis do dia a dia, apesar da conectividade e da interdependência, as formas tradicionais de tomada de decisão não servem mais. Costumo lidar com essa questão assim como a teoria do pensamento industrial versus pensamento orgânico, o industrial é aquele mecanicista que tem apenas uma linha de trabalho e resultado, enquanto que o orgânico, de forma bem criativa, pode ser organizado em vários caminhos, trazendo o mesmo resultado. Isso por conta da complexidade dos dias em que vivemos, não dá mais para pensar apenas de um jeito.

**Ambiguidade:** é falta de clareza e concretude. Deve-se ter clareza sobre suas habilidades, seus desafios para que não se perca diante das decisões que serão tomadas, das ações que serão executadas e empreendidas. Não sei se você já ouviu falar do Planejamento Estratégico Situacional – PES, que trata exatamente disso, de tão ambíguas que são as questões que a tomada de decisão não se deve espelhar no passado, mas naquele momento, naquele cenário para aquele cenário. E isso de forma organizada e com concretude.

### Jogos

Os jogos circenses têm influenciado desde pessoas com alto grau de instrução até crianças. Os jogos são diversos, e com possibilidades imensas de autoconhecimento, resoluções de conflitos e têm permeado vários âmbitos da educação. Alguns estudos têm se aprofundado em um quesito: quanto mais se ensinam jogos circenses mais liberdade há para a mente no eixo da criatividade.

> O jogo tende a tornar-se necessidade na vida não apenas das crianças, o que seria até certo ponto óbvio dado que vemos crianças brincando sempre, mas também para jovens e adultos, pois tem como características a evasão da vida real (HUIZINGA, 2004), o que permite ao jogador abstrair-se das atividades diárias (trabalho, estudos etc.), muitas vezes estressantes, para recompor-se. Essa interrupção revela-se importante, pois é durante ela que o sujeito cria. Estando livre das amarras das obrigações e das pressões o potencial criativo pode ser libertado. (*Jogando com o circo*, p. 15).

Quando você sai da sua zona de conforto, há diversos caminhos para o despertar da sua criatividade, e desenvolver melhor seu ser. Ser gerente do EU exige esforço significativo para não se perder diante de tantos desafios que existem pela frente.

Imagine você jogando e se tornando mais produtivo, tornando-se mais criativo, estando livre do estresse e das preocupações que acabam tirando você do foco. Isso é possível.

## CoachClown

Em visita a um hospital, encontrei algumas pessoas que choravam ao redor de uma cama, como um senhor esmorecido diante a tantos medicamentos aplicados. Na ocasião, me encontrava de vestimentas normais para uma pessoa que vai a uma visita cotidiana em um hospital qualquer. Mas a dor do ambiente pesava no estalo em que chegavam mais pessoas. Aquele senhor estava entre a vida e a morte, as pessoas diziam que ele não acordaria mais daquele sonho.

Quando que, num passe de mágica, me vi com um violão nas mãos e um nariz de palhaço no rosto tocando músicas animadas, alegrando, mesmo que por um instante, aquele ambiente. Enquanto cantarolávamos algumas palavras, as senhoras não aguentavam de emoção, por ser uma das músicas favoritas daquele senhor. E qual não foi a grande surpresa do dia, aquele homem que estava moribundo abre os olhos e começa a cantarolar também, dentro de suas limitações, claro, mas o ambiente foi uma mistura de emoção com alegria e, no mesmo instante, os choros foram se tornando quase como um *show* do renascimento de um ser.

O *coach* deve ser criativo o suficiente para personalizar uma intervenção estratégica, trabalhar no desenvolvimento de competências, e existem técnicas próprias para o desenvolvimento humano e facilitar resultados. Mas, a partir dessa experiência, ficou espetada em meu coração a missão de promover o desenvolvimento humano a partir das técnicas criativas que o *clown* pode utilizar. Por meio da arte do palhaço, é possível enxergar além do que apenas um processo pode fazer, com os jogos do circo, com a arte do malabarismo, equilibrismo, acrobacias e até a música na forma lúdica cantada para despertar no ser humano a leveza da vida.

O palhaço está o tempo todo aprendendo a aprender, vivendo experiências novas com a singeleza de uma criança. Ele está sempre pronto para arrancar sorrisos marotos de crianças e adultos, na esperteza de um pequeno detalhe nunca visto.

A vida é simples, as pessoas provocam os embaraços. E o *clown* vê na simplicidade da vida a possibilidade de arrancar risos com seus gracejos aparentemente sem graça. Veja:

## O poder do ser humano

> O mundo do palhaço só passa a ter vida a partir do momento em que ele não mais tenta fazer as coisas serem engraçadas, mas as coisas engraçadas são parte dele e de suas atitudes; ele não faz de conta, não engana, pois leva tudo a sério; faz tudo de forma engraçada e inusitada. A graça e a poesia estão no corpo *clownesco*, como também a alegria, a tristeza e outros sentimentos inerentes ao ser humano. Toda a sua afetividade está na sua presença, nas suas emoções, que no corpo do *clown* adquirem a dimensão do espaço, de corpo inteiro. As emoções passeiam pelas ações corpóreas deste, como sangue que corre eu suas veias.
> (*O clown visitador*, Ana Elvira Wuo)

Todos caímos, mas todos levantamos. O que precisa ser consciente é a atenção ao que acontece ao nosso redor. Lembre-se do alinhamento neurológico, lembre-se do mundo VUCA. Veja que existe uma relação intensa entre o *clown* e as questões da vida.

Assim, criou-se o CoachClown.

De forma lúdica, criativa e cativante propõe-se a desenvolver habilidades *clownescas*, para a identificação do estado atual e, com graça, alcançar os objetivos propostos nas sessões, e de forma bem-humorada validar os resultados obtidos gerando engajamento para os novos desafios.

> A cadeira do palhaço sempre cai; seu nariz é vermelho devido aos tombos que a vida lhe ofertou; ainda assim, sob o olhar debochado dos que riem dele, levanta-se e cai logo em seguida, e novamente então fica de pé, compreendendo que os tombos fazem parte do processo, e se ferir também. Levantar e seguir adiante, buscando manter-se com bom humor, é a sua meta diária, e assim ele o faz. (*O clown terapêutico*, Rodrigo Bastos)

### Referências

BASTOS, Rodrigo. *O clown terapêutico*. Bartlebee Editora, 2017.

BORTOLETO, Marco Antonio Coelho, PINHEIRO, Pedro Henrique G. G., PRODÓCIMO, Elaine. *Jogando com o circo*. Editora Fontoura, 2010.

DILTS, Robert. *A estratégia da genialidade*. vol. I. 1.ed. Summus Editorial, 1998.

WUO, Ana Elvira. *O clown visitador*. 1. ed. EDUFU, 2011.